"Este livro constitui um trabalho de investigação financeira que os seus Autores realizaram com muito rigor e competência e que põe em relevo, entre muitos episódios curiosos, de leitura absorvente, a imensa fragilidade com que decisões de relevantíssimo impacto na nossa vida colectiva têm sido tomadas nos últimos anos, conduzindo-nos irremediavelmente para um patamar de aperto financeiro extremo mas até há pouco tempo insuspeito para a grande maioria dos portugueses ..."

TAVARES MOREIRA,
Ex-Governador do Banco de Portugal

"Este livro é de leitura obrigatória para todos quantos queiram dispor de mais um ângulo de visão para perceberem como o BPN, que foi e continua ser um caso de polícia, acabou por dar origem a um grave problema de finanças públicas"

CARLOS MORENO,
Ex-Juiz Conselheiro do Tribunal de Contas, Docente universitário de Finanças Públicas e autor do livro "Como o Estado Gasta o Nosso Dinheiro".

"Convém saber mais sobre o BPN do que a conta que já pagámos: 200 € por contribuinte assumidos na execução orçamental de 2010 e para 2011 teremos mais... Este livro permite ser uma memória de quem viveu por dentro o drama de, querendo recuperar um Banco, não lho deixaram."

JOÃO DUQUE,
Professor Catedrático de Finanças e Preside

# BPN

**Actual Editora**
Conjuntura Actual Editora, S.A.
Rua Luciano Cordeiro, n.º 123- 1.º Esq.
1069-157 Lisboa
Portugal

Tel.: (+351) 21 3190243
Fax: (+351) 21 3190249
www.actualeditora.com

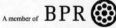

www.businesspublishersroundtable.com

**Copyright:** © João Carvalho das Neves e Manuel Meira Fernandes

**Edição:** Actual Editora – Abril 2011
Todos os direitos para a publicação desta obra reservados
para Conjuntura Actual Editora, S.A.

**Revisão:** Alice Coelho
**Design da capa:** FBA
**Paginação:** Papelmunde
**Impressão:** Papelmunde

**Depósito legal:** 326785/11

---

*Biblioteca Nacional de Portugal – Catalogação na Publicação*

NEVES, João Carvalho das, e outro
I - FERNANDES, Manuel Meira

*BPN : estado a mais, supervisão a menos*
João Carvalho das Neves, Manuel Meira Fernandes

ISBN: 978-989-694-017-1

CDU 336
     338

---

Nenhuma parte deste livro pode ser utilizada ou reproduzida, no todo ou em parte, por qualquer processo mecânico, fotográfico, electrónico ou de gravação, ou qualquer outra forma copiada, para uso público ou privado (além do uso legal como breve citação em artigos e críticas) sem autorização prévia, por escrito, da Actual Editora.

Este livro não pode ser emprestado, revendido, alugado ou estar disponível em qualquer forma comercial que não seja o seu actual formato sem o consentimento da editora.

**Vendas especiais:**
Os livros da Actual Editora estão disponíveis com desconto para compras de maior volume por parte de empresas, associações, universidades e outras entidades interessadas. Edições especiais, incluindo capa personalizada, podem ser-nos encomendadas. Para mais informações, entre em contacto connosco.

# BPN

## ESTADO A MAIS, SUPERVISÃO A MENOS

JOÃO CARVALHO DAS NEVES
MANUEL MEIRA FERNANDES

ACTUAL

# Agradecimentos

A Miguel Cadilhe, por nos ter convidado em 2008 para o desafio de mudança do grupo SLN/BPN e ter sempre manifestado toda a confiança no nosso empenho e desempenho.

A todos os nossos ex-colegas de administração no BPN, pelo esforço, inaudito, em todo o processo e na fase final, na procura de uma solução que satisfizesse o racional económico-financeiro.

Aos nossos directores e secretárias, que se empenharam em ajudar-nos na gestão e reestruturação do banco.

A todos os outros directores e a todos os colaboradores, pelo seu empenho nos quatro meses que estiveram connosco na tentativa de salvamento do banco.

À grande maioria dos accionistas do Grupo SLN//BPN, que acreditaram na honestidade das administrações que nos antecederam, a quem entregaram a gestão dos seus investimentos e confiaram na eficiência dos órgãos de fiscalização e de supervisão do banco.

A todos os contribuintes, afinal e sempre, a quem vai caber pagar os erros de decisão política.

# Introdução[1]

Ironia do destino, entre os muitos afazeres de permeio, este livro foi terminado a 22 de Março de 2011, precisamente no dia em que o Governo que nacionalizou o BPN caiu. Não é nossa intenção acicatar a vida política, que já tem ruído demasiado. Com este livro pretendemos dar a conhecer a nossa experiência e a nossa interpretação dos factos ocorridos que deram pretexto à nacionalização do BPN – Banco Português de Negócios, SA (BPN), enquadrando devidamente assuntos profusamente divulgados e discutidos em sede de Comissão Parlamentar de Inquérito ao caso BPN.

---

[1] No livro há excertos de um artigo publicado por um dos autores no *Público* de 7 de Julho de 2009, bem como de opiniões ou entrevistas publicadas por ex-colegas do Conselho de Administração do BPN, que nos autorizaram a reproduzi-las no texto.

Entendemos que a nacionalização ocorreu mais por questões políticas, pois nunca houve (tanto quanto temos conhecimento) estudo económico comparativo, minimamente aprofundado, entre a opção do Governo (nacionalização) e a alternativa que a administração liderada por Miguel Cadilhe apresentou ao senhor Ministro das Finanças, que se resumia a um financiamento híbrido público-privado. Constatámos existirem mesmo enviesamentos diversos, derivados de pressupostos, crenças e preconceitos por parte dos decisores políticos quanto à natureza do conjunto de accionistas da SLN – Sociedade Lusa de Negócios, SA (SLN). Não souberam os decisores políticos distinguir o trigo do joio. Não souberam apreciar a alternativa que a equipa de Miguel Cadilhe estava a proporcionar. Não souberam, isto é, não quiseram, negociar essa alternativa e reajustá-la aos alegados interesses do Estado, como sempre deve acontecer no que respeita aos interesses superiores da Nação (e obviamente dos cidadãos). Quando há uma proposta, há sempre hipótese, em nossa opinião, de a melhorar, com vista a satisfazer adequadamente os interesses de ambas as partes. Não quiseram considerar, respeitar e aproveitar uma equipa que tinha dado provas de novo rumo e que em apenas quatro escassos meses de funções tinha realizado mais trabalho do que seria razoavelmente expectável e exigível. Não quiseram manter o BPN no domínio privado, mas depois de o nacionalizarem queriam privatizá-lo. Um contra-senso, não? Tinham em mente nacionalizar o banco e não conseguiram perceber que a alternativa que a equipa liderada por

Miguel Cadilhe lhes estava a propor era a melhor opção do ponto de vista económico e até do ponto de vista político. Qualquer decisor e negociador sabe que antes de avançar com uma proposta não pode deixar de ter em conta a melhor alternativa a que Fisher, Ury e Patton[2] designam de BATNA – *the best alternative to a negociated agreement*. Nós entendíamos, e dissemos, que a nacionalização, directa (como veio a ser realizada) ou encapotada (de oferta de aquisição pela CGD), não seria a melhor alternativa. O mal foi que os decisores políticos tinham uma convicção quanto à nacionalização e não consideraram sequer a hipótese de uma negociação com vista a manter o banco semi-privado, isto é, com capitais mistos e gestão privada ou público-privada. Quando criticámos o facto de o Governo não ter negociado, fomos informados que não estávamos num processo negocial. Então interrogámo-nos: será que as propostas e possíveis soluções para o sistema financeiro não merecem ser consideradas e negociadas? Ou só os grandes bancos têm essa prerrogativa? Ou seria por alguma razão pessoal? Miguel Cadilhe, então Presidente do BPN, é reconhecidamente considerado um excelente negociador, muito incisivo e directo. Por isso, há quem não goste de se afrontar com ele. Mas também sabemos que Miguel Cadilhe, pela sua competência e capacidade de liderança, era o presidente de que o banco precisava e que o plano de viabilização do BPN que apresentou não

---

[2] R. Fisher, W. Ury e B. Patton (1911), *Getting to Yes: Negotiating Agreement Without Giving In*, 2.ª edição, Houghton Mifflin.

merecia ter sido liminarmente recusado pelo Ministro das Finanças e pelo Governo sem uma apreciação económica independente e sem uma discussão prévia, isto porque estava mais em causa o interesse nacional do que o de um mero banco e um conjunto de mais de quatro centenas de accionistas (supondo, naturalmente, salvaguardado o interesse dos depositantes em qualquer das soluções).

Deixamos desde já expressa a nossa declaração de interesses, pois não somos simples observadores. Fomos administradores, integrando a equipa liderada por Miguel Cadilhe que entre 20 de Junho e 11 de Novembro de 2008 conduziu uma mudança de práticas e de gestão no BPN com um desempenho a todos os títulos excepcional – seja-nos permitido este juízo em causa própria –, com uma ética e um rigor que deveriam ter sido considerados pelos governantes que decidiram a nacionalização. No curto prazo de quatro meses, detectámos irregularidades que a supervisão do Banco de Portugal não viu durante anos, instruímos processos-crime, como inexoravelmente impõe a lei, contra administradores anteriores que indiciavam ter tido práticas ilegais, procedemos ao arresto de bens desses responsáveis com vista a procurar ressarcir o BPN e a SLN dos danos causados por estes e apresentámos uma proposta de reestruturação financeira do Banco ao senhor Ministro das Finanças com vista à sua viabilização. Nesse período, entre outras coisas, identificámos a natureza e volume de actividade do Banco Insular (BI) e das sociedades *off-shore* instrumentais, que abarcavam substanciais perdas efectivas e perdas potenciais (imparidades), fizemos uma auditoria a todo o grupo SLN, incluindo o subgrupo BPN, alterámos as práticas internas exigindo ética e transparência, iniciámos a execução de um plano de reestruturação e valorização (PRV) do grupo SLN, com especial incidência no BPN, e elaborámos um plano de recuperação do Banco designado por «Plano BPN 23X08». A certa altura, face à situação de insolvência em que concluímos que o Banco se encontrava, pareceu-nos que isso exigiria alguma colaboração por parte do Governo, nomeadamente no aprofundamento dessa solução. Por isso, o «Plano BPN 23X08» era por nós encarado como um produto sujeito à apreciação e discussão com o Governo para um maior aprofundamento e adequação ao politicamente aceitável. Depois deste nosso empenho e desempenho, vimos afinal o nosso mandato interrompido pelo acto abrupto de uma nacionalização, por parte de um Governo que não quis, ou não soube, aprofundar uma solução de racionalidade económica para o Banco e que fosse favorável ao país, que mantivesse o banco sob gestão privada (ou público-privada) e com capital misto. Não quis, mas poderia ter aproveitado esta equipa que, em tão pouco tempo, tinha dado provas de conseguir realizar a mudança estrutural de comportamento do banco e gerar a decisiva motivação dos seus recursos humanos, que tinha dado provas de ser capaz de despertar a confiança dos depositantes e dos accionistas, provas essencialmente sustentadas em conduta, transparência e profissionalismo. Era uma equipa que já conhecia profundamente a situação e que podia ter implementado os planos, da sua própria responsabilidade, de viabilização, reestruturação e regeneração do banco, em alternativa à nacionalização. E uma nacionalização para quê? Se afinal, se anunciava que depois se iria privatizar de novo o banco? Para penalizar indiscriminadamente todos os accionistas privados, num elementar erro de generalização a partir de uns (poucos) responsáveis por actos ilegais e danosos que prejudicaram afinal mais de quatro centenas de accionistas? Estivemos, por tudo isto e por tudo o mais que expomos no livro, contra o acto da nacionalização e fomos co-subscritores do «Plano BPN 23X08», que era uma ponderosa proposta alternativa à nacionalização.

# Enquadramento

A gestão do Banco Português de Negócios, no período anterior à nacionalização, foi da responsabilidade de administrações presididas por Oliveira e Costa entre 1997 e Janeiro de 2008, Abdool Vakil, entre Fevereiro e Junho de 2008 e Miguel Cadilhe, entre 24 de Junho de 2008 e 11 de Novembro de 2008.

A partir da nacionalização, anunciada em 2 de Novembro de 2008 e consumada no dia 12 desse mês, a gestão do BPN foi cometida, pela lei da nacionalização (lei 62-A/2008 de 11 de Novembro), à Caixa Geral de Depósitos (CGD) que, para o efeito, nomeou o seu Vice-presidente, Francisco Bandeira, como Presidente do Conselho de Administração do BPN.

Antes de sermos eleitos administradores do BPN (e da SLN) em Assembleia-geral, tivemos reuniões prévias com accionistas de referência e com responsáveis pelos seus órgãos de fiscalização que nos deram conta de algumas duras dificuldades e anomalias que o grupo enfrentava. Esse conhecimento constituiu para nós um desafio profissional, pois tínhamos confiança em Miguel Cadilhe e na qualidade da equipa por ele escolhida. Entre as condições que colocámos, enquanto equipa, para aceitar o desafio, constava o lançamento imediato de uma auditoria independente a todo o grupo, tarefa que iniciámos ainda antes de tomarmos posse, com a preparação do caderno de encargos que foi distribuído no primeiro dia de funções no grupo, a todos os administradores de empresas do grupo SLN e a todos os directores do BPN para *feed-back* e contributos para o mais que houvesse a auditar.

A profundidade do nosso trabalho, após a tomada de posse em 23 de Junho de 2008, veio a evidenciar que as informações que nos foram prestadas naquelas reuniões prévias com accionistas e órgãos de fiscalização estavam longe da gravidade dos problemas com que a SLN e o BPN se deparavam.

Também contrariamente às nossas pretensões, e solicitação por parte de Miguel Cadilhe, não foi possível agendar uma reunião prévia com o senhor Governador do Banco de Portugal, com o argumento de que não éramos, ainda, órgão social do banco e que se poderiam levantar problemas de sigilo bancário. Por isso, de algumas situações irregulares do conhecimento do Banco de Portugal só fomos informados na primeira reunião que foi possível realizar, no dia 26 de Junho de 2008 com o senhor Governador, Vítor Constâncio, após tomada de posse, no terceiro dia de funções após a nossa eleição. Nesse mesmo dia já tínhamos reunido em Conselho de Administração extraordinário para aprovar a contratação de uma auditoria externa urgente a um banco que se dizia ser do BPN mas que não se encontrava nas contas consolidadas do grupo, o depois tão falado Banco Insular.

O conjunto de graves irregularidades com que fomos confrontados não nasceu por geração espontânea. Tiveram de ser pensadas, arquitectadas e implementadas por iniciativas de membros do Conselho de Administração às datas das ilegalidades e durante largos anos. Tiveram de ser executadas por directores, técnicos e administrativos. Eventualmente com a colaboração de alguns (muito poucos) accionistas (como tal ou como parte em negócios com o grupo) e, destes, haveria quem presumivelmente estivesse de boa fé perante o ascendente do banqueiro e o desconhecimento técnico de algumas das operações em causa.

E foram, objectivamente, ocultadas.

Queremos deixar bem expresso que, para nós, o ponto fulcral e sombrio da situação do grupo BPN//SLN – fraudes – deve ser assacado, primordial e fundamentalmente, aos membros dos Conselhos de Administração que as levaram a cabo e aos que possam ter colaborado nas irregularidades. Acessoriamente, mas não despiciendo, a quem, eventualmente, tendo tido conhecimento – sejam membros da administração não envolvidos na arquitectura e execução das irregularidades, sejam membros de outros órgãos do grupo –, não tenha comunicado aos órgãos de fiscalização (auditores internos e revisores oficiais de contas e auditores externos) e às autoridades de supervisão (Banco de Portugal), mas também a todos aqueles que tendo obrigação de supervisionar e fiscalizar – auditores internos e externos, revisores de contas e Banco de Portugal – possam ter tido uma intervenção negligente ou complacente ou pouco diligente (não dizemos conivente) em todo o processo. Registe-se que negligência, complacência ou pouca diligência é o mínimo que, no caso, se pode dizer dos pecados por actos e omissões de quem de direito. Conivência ou cumplicidade estão além desses mínimos.

As operações do BPN com o Banco Insular constituem, a este respeito, um caso verdadeiramente paradigmático, quer quanto aos supervisionados, quer quanto aos supervisores – ao longo de sete anos! Escrevia a nossa administração em 6 de Outubro de 2008: «No que se refere, em particular, ao BI, surpreenderam-nos a natureza, a complexidade, a extensão no tempo (começou em 2001, tendo-se agravado em 2003), as informalidades processuais, a evidência de situações irregulares e de práticas ilegais, as temeridades patrimoniais, os impactos negativos relevados.»

Deste ponto de vista, a questão fundamental no BPN é para nós, sem qualquer dúvida, um caso de polícia, que deverá ser resolvido nos Tribunais, e que só se tornou um problema político e com severas consequências nas finanças públicas por decisão dos governantes quando decidiram pela nacionalização, impactando todas as perdas efectivas conhecidas na altura e as outras desconhecidas e as supervenientes, todas re-alimentadas em consecutivos agravamentos numa espiral excessiva (do tipo causa-efeito-causa-...) que, como se sabe, quase sempre ocorre nestas circunstâncias. O argumento do risco sistémico que justificou a nacionalização do BPN, em contraste, por exemplo, com a não nacionalização do BPP, não é argumento. Aliás nunca o Banco de Portugal apresentou algum estudo do risco sistémico dos bancos em Portugal.

Alguns bancos centrais vinham tendo essa preocupação há alguns anos, embora sem grandes formalismos, como é o caso do *Federal Reserve Bank of New York* que, em Maio de 2006, juntamente com a *National Academy of Sciences' Board on Mathematical Sciences and Their Applications,* organizaram uma conferência subordinada ao tema «New Directions for Understanding Systemic Risk». Alguns académicos têm escrito artigos sobre o tema e publicado estudos empíricos sobre diversos países, mas na altura da nacionalização não havia estudos empíricos publicados que pudessem confirmar a existência de risco sistémico do BPN para o sistema financeiro português.

O tema ganhou relevância com o que se passou em 2007/2008, a nível internacional. Recentemente, o Banco de Inglaterra lançou um *Systemic Risk Survey* que aplica semestralmente para compreender a perspectiva do mercado quanto aos riscos de estabilidade do sistema financeiro. Também só em 16 de Dezembro de 2010 foi criado pelo Parlamento Europeu e Conselho, o *European Systemic Risk Board* (ESRB)[3],

---

[3] Regulamento (EU) n.º 1092/2010 do Parlamento Europeu e do Conselho de 24/11/2010.

que passou a acompanhar o risco sistémico na União Europeia.

No curto período em que estivemos em funções com a responsabilidade de administração do BPN, de 23 de Junho a 11 de Novembro de 2008, será útil recordar algumas das medidas que tomámos de imediato e que marcaram decisivamente o nosso mandato numa lógica de continuidade do banco sob gestão privada:

1. Imposição, logo nos primeiros dias em funções, de instruções inequívocas e vinculativas para todo o grupo SLN de «tolerância zero» quanto a práticas não transparentes, evasivas, furtivas, irregulares ou ilegais. Foi uma orientação imperativa, necessária e fundamental para a mudança, em decorrência do passado que nos tinha sido, em parte, sinalizado;
2. Realização, logo a 26 de Junho de 2008, de uma auditoria específica, pela Mazars, às relações do BPN com o Banco Insular, banco que não fazia parte formal do universo do grupo;
3. Auditoria transversal a todo o grupo SLN, incluindo o BPN, que adjudicámos em 11 de Julho de 2008 à Deloitte;
4. Implementação de um projecto que designámos de «Projecto César» depois de termos identificado inicialmente sete sociedades *off-shore* que detinham acções próprias do Grupo SLN, o que conduzia à ilegalidade de ultrapassar o limite dos 10% do capital social, conforme determina o Código das Sociedades Comerciais.

«Ao puxar a linha surgiu o novelo.» Ao darmos conhecimento do «novelo» que tínhamos encontrado e que era preciso investigar, Miguel Cadilhe usou a expressão «a César o que é de César». Daí a o nome do Projecto César. Esta investigação veio a identificar quase 100 empresas, constituídas em *off-shore,* do grupo SLN, a maioria das quais não estava oficialmente incluída nas contas do grupo e com níveis de perdas por imparidade significativas, muito superiores às que inicialmente tínhamos estimado;

5. Subscrição de um aumento de capital privado na SLN de 300 milhões euros, de realização «tri-etápica», na designada «operação cabaz». Foram então realizados 100 milhões de euros e, destes, 80 milhões foram canalizados como reforço do capital social do BPN, tudo isto, muito antes de suspeitarmos do elevado nível de imparidades e da intenção do Governo em nacionalizar o banco;
6. Lançamento de um plano de reestruturação e valorização do grupo SLN («PRV»), com predominantes incidências no BPN (em áreas determinadas, com objectivos e medidas específicos, com *timings* aprovados e com os responsáveis nomeados);
7. Programa de vendas de activos não afectos à exploração e activos não estratégicos;
8. Transparência nas relações com o Banco de Portugal, criando uma equipa para responder

aos inúmeros pedidos de informação que tinham sido dirigidos pela entidade de supervisão às administrações anteriores e que se mantinham sem resposta. Cumprimos inteiramente esse objectivo, pois a 11 de Novembro de 2008 deixámos todos os assuntos relacionados com o BPN respondidos;

9. Preparação dos dossiers para instauração, que era obrigatória, de processos-crime (casos danosos ou ruinosos, eventualmente dolosos) contra ex-responsáveis do grupo, assim como do procedimento cautelar de arresto contra alguns desses responsáveis com vista ao (parcial) ressarcimento dos danos causados ao grupo BPN/SLN;

10. Projecto de cisão do grupo SLN de modo a separar a actividade financeira da não financeira, ficando apenas, como é normal, sob a alçada da supervisão do Banco de Portugal a actividade financeira. O «Projecto Estrela» assim designado, foi apresentado ao Banco de Portugal tendo este apreciado e solicitado informação adicional, nomeadamente, quanto aos impactos que esta reestruturação teria nos indicadores de fundos próprios;

11. Início do processo de procura de parceiro internacional para o BPN, com o respectivo caderno de encargos para a assistência de um banco internacional, tendo sido seleccionada a proposta do Morgan Stanley. Este banco de investimentos apresentou uma estratégia e uma

segmentação de possíveis investidores que nos agradou por ser muito prática e com resultados a curto prazo. Uma vez definido o segmento de maior interesse para o BPN, o Morgan Stanley identificou investidores potencialmente interessados numa tomada de posição no BPN e iniciámos uma troca de informação e negociação com um banco estrangeiro, mas que veio a ser interrompida por nossa iniciativa, quando constatámos que os níveis de perdas por imparidade ultrapassavam significativamente aquelas que tínhamos preliminarmente relatado ao Morgan Stanley.

Na sequência da constatação do nível de imparidades apuradas, concluímos que a solução de viabilidade do banco exigiria a apresentação de um projecto de reestruturação financeira que tivesse a concordância do Ministro das Finanças com um misto de financiamento público-privado. Assim, sempre em luta contra o tempo, desenvolvemos um modelo financeiro detalhado no qual pudemos simular e analisar os diversos *value drivers* do banco e o impacto sobre os resultados, estrutura de capital e fluxos de caixa. Para que o modelo financeiro tivesse fundamentação estratégica e operacional, numa primeira fase deste trabalho participaram os principais quadros directivos do banco, nomeadamente das áreas de marketing e comercial, operações, gestão financeira e controlo de gestão. Numa segunda fase participaram todos os administradores executivos do BPN e SLN. Na sequência deste trabalho, foi apresentado ao senhor Ministro das Finanças, Teixeira dos Santos, o plano de viabilidade que designámos por «Plano BPN 23X08» por ter sido finalizado a 23 de Outubro de 2008. Embora tivesse sido pura e simplesmente descartado pelo Ministro das Finanças, veio a ganhar relevância política durante os trabalhos da Comissão de Inquérito Parlamentar ao caso BPN, no primeiro semestre de 2009, bem como durante a campanha para as eleições do Presidente da República de Janeiro de 2011.

Por esta razão, decidimos tornar público, sem ferir princípios de confidencialidade, alguns dos termos mais relevantes da nossa proposta que era a alternativa à decisão de nacionalização. A decisão de nacionalização tomada pelo senhor Ministro das Finanças, por sugestão e parecer do então Governador Banco de Portugal, foi de seguida aprovada pelo Governo e submetida ao Parlamento. Este parecer do Banco de Portugal foi tornado público por um partido político em sede da mencionada Comissão Parlamentar de Inquérito. É um documento que, em nossa opinião, é muito insuficiente do ponto de vista técnico para justificar uma decisão de tão grande relevância para o país. Afigura-se-nos que o assunto era de tal importância que mereceria que uma entidade independente (de preferência internacional) conhecedora de estratégia, marketing e gestão bancária, bem como de políticas públicas, se pronunciasse, com carácter de urgência, sobre as alternativas em jogo. Note-se que o Banco de Portugal estaria plausivelmente condicionado pelas recorrentes e graves falhas de supervisão e, depois, são estes os autores do aconselhamento ao Ministro. Em nossa opinião, o que mereceria ter sido feito era ouvir um aconselhamento independente sobre o acto da nacionalização por comparação com a nossa alternativa, a qual conjugava três coisas: apostava numa equipa de administração de novo rumo; incluía as medidas do «Plano BPN 23X2008» e que poderiam ser reajustadas por negociação; e, acima de tudo, evitava o tremendo alarme social lançado sobre o BPN pelo radicalismo da intervenção estatal (tipo bomba atómica). Mas não houve esse cuidado da independência de aconselhamento, nem houve essa visão do sentido de Estado, vá lá saber-se porquê.

# Os principais problemas da gestão

No escasso tempo da nossa administração, fomos confrontados com problemas de ordem estrutural e de ordem conjuntural, que se reflectiam em graves insuficiências, nomeadamente, de solvabilidade e de liquidez[4].

## 1. A solvabilidade

O BPN apresentava-se com insuficiência de capitais próprios e de capitais permanentes. De acordo com os dados contabilísticos disponíveis nos balanços, o rácio

---

[4] Os dados públicos não permitem uma análise financeira aprofundada, pelo que nos limitamos à análise de rácios de acordo com a estrutura de informação disponibilizada nos balanços, mas que permitem dar uma ideia razoável da situação de solvabilidade e liquidez.

de autonomia financeira no período em que fomos administradores do banco era o seguinte:

**Quadro 1 – BPN SA**
Contas individuais: Autonomia financeira

*Unidade: Milhões de euros, excepto rácios*

|  | 30.Jun.08 | 31.Jul.08 | 31.Ago.08 | 30.Set.08 |
|---|---|---|---|---|
| Total do Activo | 7 714,4 | 8 123,8 | 7 944,4 | 7 660,9 |
| Capital Próprio | 336,9 | 323,5 | 275,0 | 342,5 |
| Rácio de autonomia financeira | 4,4% | 4,0% | 3,5% | 4,5% |

**Fonte:** relatórios e contas e *site* do BPN.

Se o BPN já não cumpria os rácios de solvabilidade exigidos quando tomámos posse em finais de Junho de 2008, com o nível de perdas por imparidades entretanto apuradas pela nossa equipa, exigiria um aumento de capital significativo para cobrir essas imparidades e repor o capital em níveis mínimos exigidos por lei. Foi isso que propusemos no Plano «BPN 23X08»: aumento de capitais por privados em acções ordinárias no montante de 380 milhões de euros (a juntar ao capital social pré-existente de 300 milhões) e capitais públicos de 600 milhões de euros em acções preferenciais remíveis. Caso contrário, deveria ser impedido de operar no mercado financeiro por incumprimento das regras prudenciais exigidas pela supervisão bancária.

Mas é curioso que hoje, final do primeiro trimestre de 2011, decorridos mais de dois anos da data da nacionalização, não se efective essa exigência prudencial e se permita que um banco, agora nacionalizado, se mantenha em funcionamento não só com capitais insuficientes face à legislação e regulamentação nacional, mas até com capitais próprios negativos, criando uma flagrante situação de concorrência desleal para com os outros bancos do sistema financeiro. Um péssimo exemplo para o sistema financeiro e para a economia nacional.

**Quadro 2 – BPN SA**
Contas individuais: Autonomia financeira após a nacionalização

*Unidade: Milhões de euros, excepto rácios*

|  | 31.Dez.08 | 31.Dez.09 | 30.Set.10 |
|---|---|---|---|
| Total do Activo | 6 732,9 | 6 482,8 | 7 168,2 |
| Capital Próprio | -1 475,7 | -2 067,5 | -1 567,8 |
| Rácio de autonomia financeira negativa | -21,9% | -31,9% | -21,9% |

**Fonte:** relatórios e contas e *site* do BPN. [À data em que escrevemos este texto não havia ainda dados disponíveis no site do BPN referentes a Dezembro de 2010.]

Capitais próprios negativos num banco impossibilitam o acesso a empréstimos internacionais e interbancários. Daí que a obtenção desses fundos não seja tarefa fácil e o funcionamento do BPN, perante a situação de falência técnica em que se encontra, só seja possível à custa de financiamento directo da própria Caixa Geral de Depósitos. Deste modo, a CGD aumentou significativamente a sua exposição face ao risco de incumprimento por parte do BPN. É certo que a CGD tem uma garantia do Estado, mas o risco de liquidez do Estado também é premente e só tem conseguido financiar-se a taxas de juro que, a persistirem, revelar-se-ão incomportáveis.

Salvo melhor opinião, perante a regulamentação existente, o Banco de Portugal já deveria ter exigido, há muito, que o Tesouro português, accionista único do BPN desde a nacionalização, fizesse o aumento de capital adequado para que este se apresentasse no mercado com uma estrutura de capitais de acordo com a lei em Portugal e os acordos internacionais de Basileia. Parece que o Governo tem evitado o aumento de capital no BPN e tem-no feito na CGD simplesmente para evitar o reporte dessa componente no défice e agora procura negociar com o Eurostat o momento de reporte desse défice, sem nunca ter feito o aumento do capital como o deveria ter feito. É mais uma engenharia típica de querer esconder a realidade do país.

## 2. A liquidez

A falta de liquidez é problemática em qualquer negócio, mas é substancialmente mais gravosa na actividade bancária, na medida em que os depósitos dos clientes estão aplicados, fundamentalmente, em empréstimos a clientes. A desconfiança que se pode criar no mercado em relação a um banco pode gerar uma corrida aos seus balcões e, se isso acontecer, é suficiente para pôr em causa a continuidade e a viabilidade do banco.

Ora, em 4 de Outubro de 2008, o *Expresso* revelava que, num encontro com os cinco maiores banqueiros nacionais, o governador do Banco de Portugal, Vítor Constâncio, tinha afirmado encontrar-se preocupado com dois pequenos bancos do sistema financeiro português. Descuido? Imprudência de profissionais que da prudência fazem profissão? Houve seguidamente «incomodidade» e várias declarações, desde o Ministro das Finanças ao Governador, sustentando que não existia qualquer indício de que um banco português pudesse estar em risco de falência. Mas quanto mais se falava, pior. O mal estava feito e a dúvida alastrava.

Com estas declarações precipitou-se ainda mais o que já era complicado. É que, de imediato, o mercado «identificou» o BPN como sendo um de esses «pequenos bancos». Por melhor que seja o rácio de solvabilidade de qualquer banco, se houver corrida aos balcões, a falta de liquidez levará a instituição à falência, quanto mais um banco que não tinha base de capital bastante e estava, quando iniciámos funções, com a sua reputação sob sério risco – situação que não se resolve, como se sabe, de um dia para o outro. Foi de facto, em nossa opinião, uma gritante quebra de recato das autoridades, naquela alusão desnudada a dois pequenos bancos. O efeito sobre o BPN foi imediato, iniciando-se uma forte pressão dos depositantes, alguns mesmo organismos públicos ou para-públicos, para levantamento dos seus depósitos. A esta situação acresceram solicitações de pedidos de reembolsos antecipados de volumosos empréstimos sindicados obtidos em outros bancos.

Até aí pode dizer-se que a captação de depósitos estava a correr relativamente bem, embora com taxas de juro acima da concorrência. Como se pode ver pelo quadro 3, em Junho de 2008, data da nossa tomada de posse, o rácio de transformação de recursos de clientes em créditos de 1,04, evidenciava que os créditos a clientes eram superiores em 4% aos depósitos (recursos de clientes), bem mais conservador do que o rácio de 1,54 do sistema bancário em Portugal em 2007 e 1,51 em 2008 que evidenciam a necessidade de endividamento da banca em Portugal na sua actividade de concessão de empréstimos. Nos meses que se seguiram, a nossa gestão conseguiu segurar e até melhorar essa relação, de tal modo que em Julho e Agosto os depósitos de clientes passavam a ser mais do que suficientes para financiar os créditos a clientes.

Analisando a evolução dos recursos de clientes (em base individual), constata-se que os depósitos de clientes eram 4 688 milhões de euros em Junho de 2008, e aumentaram para cerca de 5 100 milhões de euros nos dois meses que se seguiram. Em Setembro de 2008, o valor dos depósitos era ainda superior em 6% relativamente a Junho, apesar da crise internacional e da instabilidade a nível nacional. Depois diminuíram para 4 627 em Outubro de 2008, ainda assim bastante acima dos 4 082 em Dezembro de 2007, apesar de, conforme se disse, no período de Junho a Outubro de 2008, organismos públicos (o Estado, pois, actor e fautor de agravamento da liquidez do BPN) terem reduzido os seus depósitos em cerca de 500 milhões de euros.

### Quadro 3 – BPN SA
### Contas individuais: Rácio de conversão «recursos em créditos»

*Unidade: Milhões de euros, excepto rácios*

|  | 30.Jun.08 | 31.Jul.08 | 31.Ago.08 | 30.Set.08 |
|---|---|---|---|---|
| **Aplicações:** Créditos a clientes | 4 865,6 | 4 901,3 | 4 985,6 | 5 022,0 |
| Taxa de variação em relação a Junho de 2008 |  | +0,7% | +2,5% | +3,2% |
| **Recursos:** Recursos de clientes | 4 688,1 | 5 099,0 | 5 098,7 | 4 969,8 |
| Taxa de variação em relação a Junho de 2008 |  | +8,8% | +8,8% | +6,0% |
| Rácio de transformação de recursos (loan to deposits) | 1,04 | 0,96 | 0,98 | 1,01 |

**Fonte:** *site* do BPN

Destes dados pode concluir-se, pelo menos, que em consistência e concomitantemente com a entrada da nossa administração, o BPN experimentou um acréscimo da confiança do mercado. Isto é, não foi pela «sangria» dos depósitos dos clientes privados que a liquidez foi grandemente afectada. A redução dos depósitos só ocorreu em Outubro como consequência da crise internacional decorrente da falência do Lehman Brothers e, como já dito, do mencionado deslize do Governador do Banco de Portugal alusivo a dois pequenos bancos. Por exemplo, Nicolau Santos no *Expresso* de 24 de Novembro de 2008 comentava: «Em

4 de Outubro, o *Expresso* revelava que num encontro com os cinco maiores banqueiros nacionais, o governador do Banco de Portugal tinha afirmado encontrar-se preocupado com dois pequenos bancos do sistema financeiro português. Houve incomodidade e várias declarações, desde o ministro das Finanças ao governador, sustentando que não existia qualquer indício de que um banco português pudesse estar em risco de falência. Um mês depois (4 de Novembro) o BPN já era.» Experimente fazer-se o mesmo a qualquer outro banco e veja-se o resultado. Só a notícia de possível falta de liquidez do Fortis, nesta mesma altura, deu origem a uma quebra das cotações das acções de 1/3 e à corrida aos balcões de tal forma que exigiu a intervenção dos Estados Belga, Holandês e Luxemburguês.

Tivemos, também de liquidar antecipadamente, em meados de Setembro, um empréstimo sindicado de 110 milhões de euros, e entre Agosto e Outubro tivemos de suportar resgates de fundos de investimento (mobiliários e imobiliários), assistindo ainda à redução de depósitos de instituições de crédito estrangeiras em cerca de 108 milhões de euros.

Numa análise mais global – total de captação de recursos (depósitos e fundos em gestão de activos), saldo no Banco de Portugal e liquidez (quadro 4) –, também se constata que, até Setembro, a performance que nossa administração atingiu em termos de capacidade de captação de fundos e de situação de liquidez era bem favorável. Pelas razões apontadas, foi fundamentalmente a partir deste mês que a situação da liquidez se agravou.

## Quadro 4 – BPN
Recursos totais, saldos no Banco de Portugal e de liquidez

*Unidade: milhões de euros*

|  | 31.Dez.08 | 30.Jun.08 | 31.Jul.08 | 31.Ago.08 | 30.Set.08 | 31.Out.08 |
|---|---|---|---|---|---|---|
| Total de captação de recursos | 6 752,9 | 7 326,2 | 7 634,3 | 7 621,3 | 7 377,1 | 6 794,1 |
| Saldo no Banco de Portugal | 426,3 | 142,4 | 335,0 | 386,1 | 155,7 | 19,9 |
| Saldo de liquidez | 301,6 | 73,8 | 412,7 | 315,9 | 9,7 | -755,1 |

**Fonte:** relatórios e contas e *site* do BPN

Para além das dificuldades que afectavam a condução normal da actividade corrente, surgiram também as dificuldades provocadas pelo mercado financeiro internacional, nomeadamente a falência de bancos americanos e europeus.

Estávamos em plena crise precipitada pela falência do tradicional banco de investimento americano Lehman Brothers, fundado em 1850, e o efeito dominó com impacto em outras grandes instituições financeiras, consequência do processo conhecido como «crise dos *subprimes*». No espaço de poucos dias, sabe-se da falência técnica da maior seguradora americana, a American International Group (AIG). O governo norte-americano, que se recusara a oferecer garantias para que o banco inglês Barclays se disponibilizasse a tomar o controlo do Lehman Brothers, face ao alarme e receio do efeito sistémico nos EUA, abandona as «soluções de mercado» e, em vinte e quatro horas, decide injectar oitenta e cinco milhares de milhões de dólares dos cofres do Estado para salvar a AIG. Em poucas semanas, a crise norte-americana já atravessava o Atlântico: a Islândia nacionalizava o segundo maior banco do país, que passava também por sérias dificuldades. As instituições financeiras mais importantes do mundo, como o Citigroup e Merrill Lynch, nos Estados Unidos; Northern Rock, no Reino Unido; Swiss Re e UBS, na Suíça; Société Générale, em França declaravam perdas substanciais nas suas contas. Todo este contexto agravou ainda mais o clima de desconfiança que já pairava sobre os tais dois bancos pequenos em Portugal.

Os EUA, o país baluarte do sistema de mercado e da livre concorrência, abandonavam os princípios de mercado e nacionalizavam também as agências de crédito imobiliário Fannie Mae e Freddie Mac ficando sob controlo do Estado por tempo indeterminado.

A crise de confiança agravou-se e generalizou-se, tendo paralisado o sistema de empréstimos interbancário a nível internacional, acarretando mais essa dificuldade acrescida sobre a liquidez dos bancos, particularmente daqueles que eram mais frágeis, com menos base de capital.

Estas situações afectavam a viabilidade do BPN e obrigavam à sua reestruturação financeira profunda e urgente.

Toda a nossa actuação foi pautada por honestidade e lealdade para com a entidade de supervisão.

De todas as situações, planos, dificuldades, irregularidades que íamos detectando, de tudo demos conhecimento ao senhor Governador do Banco de Portugal, a quem nos comprometemos a apresentar uma proposta de solução, sempre sob o pressuposto do seu apoio institucional – pressuposto este, porém, que não se revelou autêntico.

# As relações com o Banco de Portugal

Este capítulo vai em estilo de um quase *diário*, uma espécie de *registos do quotidiano* das relações com o Banco de Portugal, por isso o leitor não estranhará que o texto seja narrativo e que façamos, por vezes, repetições de factos, observações e ideias, que usemos e abusemos de certas palavras, que a exposição aqui e ali se alongue, e adiante se encurte e alivie, deixando nós transparecer um ritmo de *apontamentos ao correr da pena*, em fluxo e refluxo que, premeditadamente, não quisemos modificar, salvo as decorrências dos deveres de confidencialidade.

Dos muitos contactos com o Banco de Portugal que tivemos durante o nosso curto mandato, procuraremos aqui relatar, em genérico, o mínimo essencial para melhor se enquadrar toda a problemática que conduziu à nacionalização do BPN, sem detalhes que possam ser considerados quebras de sigilo. Descreveremos apenas aquilo que nos parece poder e dever ser público e faremos o enquadramento do que, em nossa opinião, umas vezes mal outras vezes bem, afinal foi amplamente discutido em sede de Comissão Parlamentar de Inquérito ao caso BPN. Tudo isso sem qualquer outro intuito que não seja ser esclarecedor para efeitos históricos do caso BPN e boa compreensão da realidade e esclarecimento da verdade.

Na sexta-feira dia 20 de Junho de 2008, a Assembleia-geral de Accionistas da SLN nomeou-nos administradores sob a liderança de Miguel Cadilhe, designado como presidente em 24 de Junho.

A partir daquela data, as nossas relações com o Banco de Portugal foram quase contínuas, quer em reuniões com o seu Conselho de Administração, quer com técnicos que nos solicitavam reuniões e pedidos de informação diversa. Logo a 26 de Junho tivemos o primeiro de muitos encontros com o senhor Governador Vítor Constâncio que se fazia sempre acompanhar de um ou mais membros do Conselho de Administração.

O conselho de administração da SLN reuniu-se pela primeira vez em 24 de Junho de 2008, a que se seguiu uma reunião do conselho de administração do BPN. Nessas reuniões, entre muitas outras coisas, aprovaram-se os termos provisórios do caderno de encargos da auditoria externa independente a fazer a todo o grupo SLN e BPN, distribuíram-se os pelouros e tratou-se da organização e interligação entre os membros do conselho de administração e o processo de decisão e controlo. Miguel Cadilhe decidiu que, pelos pelouros que ambos tínhamos, o iríamos acompanhar em todas as reuniões ao Banco de Portugal. E assim foi.

Era nosso plano de trabalho reunir a Comissão Executiva uma vez por semana. Porém, logo a 26 de Junho tivemos de fazer uma reunião urgente para analisar duas situações de que tínhamos acabado de ter conhecimento. No computador «caiu-nos» um *e-mail* do presidente do Banco Insular, José Vaz Mascarenhas, dirigido ao secretariado do BPN, ao qual pedia, por ignorar a que administrador competia o pelouro do Banco Insular – banco que, em sua opinião, era do universo do grupo BPN/SLN –, que fosse reenviada a sua comunicação a todos os administradores da SLN e BPN. Por outro lado, fomos confrontados com cópia de uma carta do anterior presidente do BPN/SLN, Abdool Vakil, datada de 2 de Junho de 2008 que dava conhecimento ao Banco de Portugal da existência de um banco, designado Banco Insular, que em sua opinião era do BPN e que estava fora das contas do Grupo.

Face à gravidade dos factos relatados, aprovámos de imediato uma auditoria especial e urgente a ser efectuada pela Mazars a este assunto. Não podíamos esperar pelo concurso da auditoria externa independente a todo o grupo, que íamos abrir às maiores empresas de auditoria internacional. Queríamos o máximo de profundidade nessa investigação global do grupo, que sabíamos iria demorar algum tempo, e não queríamos que a auditoria específica e urgente ao Banco Insular pudesse vir a provocar-lhe atrasos e perturbações, ou vice-versa.

Logo no nosso primeiro encontro com a administração do Banco de Portugal, fomos informados pelo senhor Governador que através da administração presidida por Abdool Vakil tinha sido possível obter algumas informações que apontavam para a existência de irregularidades no BPN. Informou-nos igualmente de que já tinham sido levantados quatro processos de contra-ordenação ao BPN, nomeadamente:
– Por atraso na prestação de informação;
– Por informações falsas relativas a entidades *off-shore* que não estavam ainda devidamente esclarecidas, detentoras de acções SLN, as quais, somadas às acções próprias registadas na SLN, dariam mais de 10% do capital social e portanto acima do máximo legal permitido por lei;
– Por sistemas considerados insuficientes de controlo no branqueamento de capitais;
– E a mais grave de todas: a existência do Banco Insular, entidade que nos foi dito pertencer ao BPN mas cujas operações estavam fora do balanço do BPN.

Que também era preocupante o baixo nível do rácio de capital, tendo em consideração os excessos de risco e a excessiva concentração de crédito sobre o accionista (SLN), sem contar ainda com o impacto que poderia ter a consolidação do Banco Insular nas contas do BPN.

Quanto à liquidez, foi-nos dito que aparentemente o banco não estava mal.

Ficámos também a saber que havia denúncias sobre fundos de investimentos imobiliários que estavam a ser investigadas pela CMVM.

Por parte da nossa administração, Miguel Cadilhe resumiu o que seria a nossa imediata acção, em síntese, e nos seguintes termos:

- Aumento de capital e venda de acções próprias, a que chamámos «operação cabaz» preferencialmente destinado a accionistas;
- Aumentos de capital em sociedades subsidiárias da SLN;
- Plano de reestruturação e venda de activos não estratégicos;
- Auditoria extraordinária a todo o Grupo SLN incluindo o Grupo BPN;
- Auditoria ao Banco Insular pela Mazars & Associados, que já estava a decorrer em directa dependência do administrador com a área internacional;
- Outras medidas que entretanto já tínhamos tomado incluíam:
  - A direcção de controlo de gestão do banco seria responsável por dar respostas ao Banco de Portugal, sob controlo apertado do administrador do pelouro;
  - Reforço dos poderes da auditoria interna, direcção financeira e controlo de gestão;
  - Segregação entre as áreas financeira e não financeira do Grupo SLN;
  - Reavaliação das politicas de concessão de crédito;

- Montar uma estrutura de controlo de gestão para todo o Grupo SLN.

Foi-nos solicitado que o habitual relato mensal de tesouraria passasse a ser feito quinzenalmente e acordou-se que passaria a haver reuniões com a nossa administração com maior regularidade do que era habitual com outros bancos.

Dada a preocupação com a situação originada pelo Banco Insular, Vítor Constâncio recomendou-nos que o procurássemos integrar, na totalidade, nas contas do BPN a 30 de Junho. Não pudemos corresponder completamente a essa recomendação na medida em que ainda não dispúnhamos dos resultados da auditoria, e na ausência de evidências formais que demonstrassem que aquele banco era do universo do grupo BPN, não poderíamos concretizar aquela decisão por desconhecimento completo e cabal da realidade da situação. Não deixámos, porém, de fazer a integração, no grupo BPN, de todos os depósitos de muitos clientes que, ilicitamente e sem seu conhecimento, tinham sido «desviados» dos balcões de origem (BPN Cayman ou BPN IFI) para o Banco Insular. Sentimos que esta nossa decisão – de não integração total (activos e passivos) do Banco Insular nas contas do grupo – não agradou a Vítor Constâncio nem aos técnicos que faziam a supervisão do BPN, mas a responsabilidade de gestão era exclusivamente nossa e, na altura, começávamos a ter consciência do desconhecimento que o próprio Banco de Portugal tinha da realidade.

No nosso segundo encontro com a administração do Banco de Portugal, em que o objectivo principal era fazer o ponto de situação do processo de aumento de capital, o senhor Governador Vítor Constâncio centrou a reunião principalmente na discussão de alguns pontos prévios, entre os quais, por exemplo, saber como iríamos fazer o controlo periódico da liquidez que o Banco de Portugal entendia dever ser mais apertado; como iríamos integrar as contas do Banco Insular no BPN a 30 de Junho; em que ponto estava o processo de auditoria externa; qual o ponto de situação das respostas em atraso ao Banco de Portugal (algumas delas há anos que as anteriores administrações não respondiam)... E pedia-nos prazos!

Isto é, a contrapor às «compreensões» e tolerâncias da supervisão que haviam sido, pelo menos aparentemente, concedidas no passado ao BPN, passava, agora, o Banco de Portugal, através do seu Governador a ser de uma exigência fortíssima com apertados prazos de execução. Nesta reunião, Miguel Cadilhe falou disso mesmo e confrontou Vítor Constâncio com o facto de ter sido em cima da nossa chegada que foi dada a conhecer ao BPN uma contra-ordenação quando a respectiva decisão do Banco de Portugal era de Fevereiro e, portanto, ela ter demorado quatro meses a chegar ao BPN. Chamava, deste modo, a atenção da supervisão porque nos estava a «distrair» com coisas relativamente acessórias ou subalternas do passado, em vez de nos ajudar a concentrar no que era fundamental para o futuro do BPN. Claro que esta transparência criava um certo incómodo ao Governador Vítor Constâncio.

Entretanto começávamos a ter o *feed-back* da auditoria às relações do BPN com o Banco Insular e o que íamos conhecendo, num prazo tão curto, quanto à existência de situações irregulares naquele banco e também no BPN não eram compagináveis, para nós, com a pressão da parte do Banco de Portugal para que acelerássemos o aumento de capital. O conhecimento que começávamos a ter (tinha passado uma semana da entrada em funções) do montante das irregularidades obrigava à tomada de decisões bem ponderadas. O aumento de capital da SLN – de nossa iniciativa, pois não foi uma declarada exigência do Banco de Portugal, ainda que este imediatamente a louvasse e se «colasse» à operação – não vinha numa altura muito oportuna dado o clima geral do mercado de capitais (a bolsa tinha caído 1/3). Sendo um cenário mau para esta operação, concluímos que o aumento de capital teria de ser faseado. Seria necessário o Banco de Portugal dar-nos um tempo para fazer análise das coisas, dialogar com os accionistas e procurar novos investidores. Estranhamente, pretendia agora o Banco de Portugal que se fizesse um aumento de capital rápido, a ser realizado até final de 2008. E antes da nossa chegada? O que foi exigido? Não sabemos, mas a realidade mostra que nada aconteceu.

A inflexibilidade e a pressão com o que o Banco de Portugal nos estava a tratar fez com que Miguel Cadilhe, em diversas reuniões com Vítor Constâncio, criticasse duramente a supervisão, já que, em seu (nosso) entender, face aos sinais visíveis, o Banco de Portugal deveria ter actuado há muito tempo. Estes e outros momentos conduziram a alguma crispação, até porque não aceitávamos, acriticamente, orientações de quem não conhecia adequadamente a situação por dentro e que ao longo de anos pouco, ou muito pouco, tinha feito para evitar que este problema existisse. Nós que estávamos no terreno íamos obtendo informações – nomeadamente, em 15 de Julho, uma primeira estimativa de que o «buraco» Banco Insular era de algumas centenas de milhões de euros – que exigiam da nossa parte decisões rápidas e flexíveis, capazes de adaptar e mudar planos que tínhamos delineado. O que menos precisávamos era de pressões e incompreensões da supervisão. Precisávamos de tempo e da sólida colaboração do Banco de Portugal, *o apoio certo no momento certo* (sobretudo e posteriormente, em Outubro, aquando da nossa necessidade de apoios de liquidez, foi flagrante que não era assim). Ao darmos conhecimento do valor preliminar do «buraco» do Banco Insular, sentimos uma forte irritação de Vítor Constâncio, quase parecendo que a responsabilidade era da nossa administração: a frequente confusão de atribuir ao mensageiro o mau conteúdo da mensagem. Eventualmente o destinatário teria já outras mensagens de outras fontes, com diferentes valores e daí, talvez, o ter manifestado o desagrado. Continuávamos afincadamente à procura de soluções para debelar a gravidade de situações com que nos deparámos no BPN.

Numa reunião de 23 de Julho de 2008 conseguimos anunciar um conjunto de realidades e de medidas que já estavam implementadas ou em vias de o ser:

que a evolução do negócio bancário, depósitos e créditos, tinha aumentado e que o rácio de conversão depósitos/crédito evoluía muito favoravelmente; a liquidez nesta data continuava a evoluir favoravelmente embora com dependência de alguns grandes depositantes; estudávamos alternativas quanto a novas fontes de liquidez, recorrendo a um programa de securitização de 200 milhões de euros de crédito ao consumo, que visava cobrir o risco de não renovação de depósitos de grandes clientes.

Ao mesmo tempo, pedíamos ao Banco de Portugal se nos informava da eventual existência de instrumentos específicos, nacionais ou internacionais, que pudessem ser utilizados no reforço de liquidez. Porque dispúnhamos de pareceres jurídicos que nos levavam a concluir que os 40 milhões de euros das chamadas «moedas do Euro 2004» deveriam ser aceites como fazendo parte da liquidez do BPN, pedíamos, por isso, ao Banco de Portugal que a aceitasse como tal. Com muita resistência foi possível obter uma posição informal do senhor Governador de possível acordo para um plano de entregas dessas moedas até ao início de 2009, mas na prática e para nós, eram activos extravagantes, imprestáveis. O aumento de capital social, designada por «operação cabaz», estava em curso e pudemos informar como decorria e da nossa expectativa de vir a ser integralmente subscrita; imediatamente a seguir à subscrição apresentámos um documento com a síntese dos resultados da «operação cabaz» com a lista dos accionistas que representavam cerca de 64% do controlo accionista e, posteriormente, entregámos a listagem completa. A adjudicação da auditoria extraordinária ao grupo SLN estava aprovada e seria realizada pela Delloite, que iniciaria trabalhos na semana seguinte e tinha um prazo previsto de nove semanas. Já tínhamos concluído o levantamento de 90 entidades *off-shore* e tínhamos começado a investigar as suas actividades. Apresentámos as nossas ideias quanto à cisão da SLN – «projecto Estrela» – em duas áreas, financeira e não financeira, de modo a que a supervisão do Banco de Portugal se viesse a fazer em exclusivo à actividade bancária. Informámos o Banco de Portugal da criação de uma *task force* designada por «Operação César» recrutando um consultor a tempo completo para esta tarefa sob supervisão de um administrador e do recrutamento de um CEO para a *sub-holding* da área imobiliária da SLN. As operações patrimoniais também seguiam o seu ritmo, com decisões tomadas sobre a abertura do capital a terceiros e ao lançamento do projecto «BPN 100%» e sobre a alienação de negócios não *core*, bem como a identificação do conjunto de bens imobiliários a colocar no mercado; quanto às operações patrimoniais, estimávamos a possibilidade de a SLN poder encaixar cerca de 700 milhões de euros, mas face à situação de mercado essas alienações teriam de ser escalonadas no tempo, apesar de haver algumas já que tinham mostrado poder ser mais rápidas, caso das empresas dos vinhos, castanhas, seguros e mediação de seguros. Estava delineada a estrutura das operações em torno do património imobiliário em Rio Frio (valioso património do grupo, mas contabilisticamente não relevado) e informámos do estado de negociação e forma como entendíamos vir a integrar esse património no balanço da SLN. Por outro lado, já dispúnhamos do relatório preliminar sobre a auditoria ao Banco Insular e pudemos informar como as operações tinham sido ilegalmente estruturadas e das perdas potenciais ou imparidades que poderiam vir a alcançar 360 milhões de euros. Demos conta da forma como tínhamos decidido integrar os activos do Banco Insular de forma a regularizar o que tinha sido ilegal, mas que continuávamos a não poder corresponder às pretensões do Banco de Portugal quanto à consolidação integral das contas, pois o assunto ainda estava a ser estudado pelos nossos juristas – havia dúvidas sobre a propriedade do Banco Insular. Os pareceres levavam a concluir, pela informação disponibilizada naquele momento, que o Banco Insular não era, pelo menos formalmente, propriedade do BPN. Até à nossa saída, na data da nacionalização, esse tema nunca chegou a ficar tratado como o Banco de Portugal pretendia, porque não obtivemos evidência jurídica que suportasse as recomendações (ou exigências?) que o Banco de Portugal fazia. Desconhecemos como foi tratado o assunto pós-nacionalização.

Pois bem. Esperávamos encontrar satisfação da parte dos supervisores pelas medidas efectivas e em curso, mas fomos confrontados, novamente, com críticas veladas pela situação do Banco Insular, pois não estávamos dispostos a fazer algo que os nossos juristas não conseguissem suportar e de que o Governador do Banco de Portugal não conseguia também dar-nos prova.

Posteriormente, em finais de Setembro, informámos o Banco de Portugal que alguns grandes clientes de aplicação de recursos (em particular instituições do Estado) não tinham renovado depósitos. Nessa altura já tínhamos preparado o programa de securitização de cerca de 200 milhões de crédito ao consumo. Entretanto decorriam as reuniões e os trabalhos com a Morgan Stanley com vista à abertura do capital no BPN, pois na nossa perspectiva a entrada de novos accionistas ajudaria a melhorar o capital, a renovar a imagem do banco no mercado nacional e internacional e a tornar a cisão entre as áreas financeira e não financeira completamente transparente e efectiva.

O Banco de Portugal continuava a mostrar-se muito surpreendido com as nossas estimativas de perdas de 360 milhões de euros no Banco Insular. Apesar da carta assinada por Abdool Vakil e Francisco Sanches nada dizer sobre imparidades ou risco, ficámos com a impressão que para o Banco de Portugal era expectável que não ultrapassariam, talvez, os 200 milhões de euros ou pouco mais do que isso.

Por um lado, o Banco de Portugal ficava desagradado com a situação relatada, por outro, nós, que estávamos há apenas três meses em funções e que tínhamos feito todos estes levantamentos num tão curto espaço de tempo, interrogávamo-nos como era possível a dimensão disto não ter sido detectada pelo próprio banco central. E questionávamos o Banco de Portugal, que não gostava. Expressávamos que, em nossa opinião, o Banco de Portugal poderia e deveria ter tido noção das imparidades e poderia e deveria ter actuado antes de nós sermos eleitos, assumindo o grau de intervenção que o Regime Geral das Instituições de Crédito e Sociedades Financeiras (RGICSF) estabelece como *poder-dever*, designadamente, pelo artigo 143.º, a suspensão do Conselho de Administração e a nomeação de «administradores provisórios»; e pelo artigo 116.º, a ordem de fazer auditorias externas ao caso Banco Insular e a todo o BPN. Mas foi o nosso conselho de administração que mandou fazer auditoria externa extraordinária transversal a todo o Grupo SLN (incluindo o BPN). Assim deliberámos na nossa primeira reunião, ainda em Junho. Preparámos o caderno de encargos, consultámos o mercado e, em 11 de Julho, adjudicámos a auditoria à Deloitte e na reunião seguinte, com o Banco de Portugal, informámos desse facto. Registe-se a incredibilidade: por ofício de 24 de Julho, o senhor Vice-governador do Banco de Portugal mandava-nos fazer a auditoria externa pela Delloite, afinal auditoria que já sabia estar em curso, o que não deixou de nos provocar perplexidade quanto à intenção. Afinal o que pretendia o Banco de Portugal com esta formalidade quando nós o tínhamos informado, na reunião do dia anterior, dia 23 de Julho, da nossa aprovação em Conselho de Administração da SLN dessa auditoria? Expressámos obviamente a nossa perplexidade em reunião seguinte.

O resultado das análises que íamos realizando nas entidades *off-shore* consubstanciava-se na detecção de imparidades acrescidas. Disso íamos informando a administração do Banco de Portugal, não deixando de fazer as críticas de incompreensão porque é que a supervisão nunca tinha detectado tais ilegalidades. Tendo em consideração a responsabilidade do Banco de Portugal, de não ter actuado atempadamente, de não ter nomeado administradores provisórios como era seu dever – o que teria evitado a nossa tomada de posse –, entendíamos ser sua obrigação ajudar-nos numa solução de médio e longo prazo, bem como na situação de liquidez, usando, obviamente, os mecanismos aos seu alcance. Fomos «empurrados» para o mercado, como se estivéssemos numa situação normal de mercado. Tínhamos em curso um aumento de capital, uma possível abertura de capital do banco a terceiros, mas tudo isso precisava de tempo. Por isso havia que encontrar um sistema *bridge finance* enquanto tudo isto não se realizava.

Apesar de nos ser sempre dito que podíamos contar com a confiança e a ajuda do Banco de Portugal na procura de soluções que nos conduzisse a uma situação de operacionalidade normal no BPN, as hipóteses que víamos poder recorrer, por exemplo, a apoios à liquidez através do recurso ao fundo de assistência de emergência, ou à possibilidade de aquisição de créditos por parte da Finangest, ou à possibilidade de *bridge finance* com outros bancos, etc., em tudo isso apenas contávamos connosco e com a capacidade do BPN.

O banco era detido a 100% pela *holding* intermédia BPN SGPS, a qual por sua vez era detida a 100% pela sociedade mãe SLN SGPS. A solução estrutural que começávamos a desenhar poderia passar por articular várias fontes de injecção de capital social no banco, incluindo: a) uma emissão de acções preferenciais da BPN SGPS, com direito a dividendo, a subscrever pelo Tesouro, a propor ao Ministro das Finanças, devendo de seguida o capital ser canalizado para aumento do capital do BPN SA; b) uma emissão de acções ordinárias do banco a subscrever pelo parceiro que estava em curso de negociação com o Stanley Morgan; c) diversas outras emissões de acções do banco a subscrever dentro do grupo SLN, alimentadas quer pelas tranches da «operação cabaz» já subscrita pelos accionistas da SLN, quer por receitas do programa de alienações patrimoniais.

A Comissão Executiva, em 2 de Outubro, tinha um conhecimento relativamente amplo das situações ilegais verificadas no grupo pelo que decidiu solicitar aos consultores jurídicos por nós contratados, no âmbito da SLN, a firma de advogados Telles de Abreu e Associados, a elaboração urgente das peças documentais a submeter ao Ministério Público e decidiu igualmente que a Direcção de Auditoria e Inspecção (DAI) do Grupo SLN e a DAI do BPN fossem chamadas a mobilizar todos os seus meios no sentido de, internamente, serem preparadas todas as informações necessárias a estes processos.

De tudo isso foi dado conhecimento na reunião no Banco de Portugal no dia seguinte, 3 de Outubro. Também ficámos satisfeitos pelo facto de finalmente o Banco de Portugal ter informado a nossa Direcção de Operações de que uma primeira tranche de moedas do Euro 2004 poderia ser entregue e que estavam em condições de estudar o escalonamento. Mas durante o nosso mandato não chegámos a ver a troca das moedas por liquidez.

A não renovação de depósitos, particularmente por parte de organismos e institutos públicos e a obrigatoriedade de liquidar antecipadamente um empréstimo sindicado de 110 milhões de euros, devido à descida do *rating* do BPN pela Moody's, concorreram para o agravamento da situação de liquidez.

A partir de 3 de Outubro a liquidez do banco passou a ser tema recorrente e preponderante nas reuniões com o Banco de Portugal. Note-se que nesta altura havia uma desconfiança em todo o sistema financeiro, não só em Portugal, mas por toda a Europa, e os bancos não circulavam liquidez entre si.

A reestruturação financeira era outro ponto extremamente relevante para reforçar a estrutura de capital, restabelecer a confiança de mercado e estabilizar a situação de liquidez que começava a ver-se deteriorada. Nesta reestruturação incluía-se a abertura de capital a um banco estrangeiro, a venda de activos não estratégicos da SLN para reforçar os capitais no banco e a cisão da área financeira da área não financeira do grupo.

Quanto à alienação de activos não estratégicos começavam a surgir as propostas, como já era o caso das seguradoras Real Vida e Real Seguros, e estava prestes a ser-nos entregue a proposta para vendermos o BPN Brasil. As propostas em relação às seguradoras Real Vida e Real Seguros pareciam-nos interessantes e tínhamos previsto tomar uma decisão já em Novembro.

Mas o decorrer do tempo era implacável. Precisávamos urgentemente do apoio intercalar do Banco de

Portugal, de forma proporcionada, quer em dimensão quer em tempo, às reais dificuldades do banco e aos nossos planos de regeneração.

Tendo em consideração o que se passava no mercado e o nervosismo de tudo o que eram notícias de financiamento de bancos, fomos aconselhados pelo Banco de Portugal a recorrer ao apoio da CGD, e não ao prometido apoio de liquidez de emergência do Banco de Portugal, até porque estava a ocorrer um fenómeno de migração dos depósitos para a CGD, dada a confiança que esta oferecia num mercado que estava cheio de receios quanto à qualidade dos bancos, de tal forma que até o sistema interbancário não estava a funcionar.

Com o patrocínio do Banco de Portugal iniciámos, a 6 de Outubro, as negociações com a CGD sobre o apoio à liquidez. O BPN apresentava dois tipos de necessidades financeiras que, em nossa opinião, tinham de ser resolvidas em simultâneo. Não havia tempo para tratar da liquidez e deixar para depois o financiamento estrutural. A necessidade pontual tinha a ver com a liquidez e a estrutural com a insuficiência de capitais próprios e de capitais permanentes, de modo a trazer confiança ao mercado, pois a desconfiança que tinha recaído sobre o BPN levava ao levantamento diário de cerca 12 milhões de euros de depósitos, que pelas informações dos balcões se dirigiam essencialmente para a CGD e BCP. Para acudir às necessidades de liquidez, o BPN tinha património que poderia oferecer como garantia desses empréstimos. A SLN tinha activos que queria vender e que a CGD poderia comprar, activos nos fundos de investimento imobiliário, créditos com qualidade e imóveis quer do BPN quer da SLN. Mas para nós era evidente que a CGD não estava neste processo de boa vontade, mas por imposição do accionista Estado. O que a CGD quereria era alienar activos, melhorar o rácio de capital Tier I e Tier II e obter liquidez, tal como tinha feito recentemente em vendas à Parpública. Os jornais noticiavam em 1 de Outubro que a Parpública tinha anunciado nesse dia ter comprado à Caixa Geral de Depósitos 80 100 000 acções, representativas de 15% do capital social da REN e 13 035 000 acções, representativas de 15% do capital social da AdP- Águas de Portugal. Embora se dissesse que era para reestruturar as participações do Estado, tratava-se, em nosso entender, de mais uma operação para dar liquidez e melhorar o rácio de capital à CGD. Tivéssemos nós, administradores do BPN, essa hipótese e seria óptimo. Já a tínhamos explorado antes, mas sem sucesso. Se a Parpública tivesse sido solicitada pelo Estado a intervir no BPN, como o fez na CGD, aceleraria o processo de vendas imobiliárias da SLN, fornecendo os meios de liquidez necessários para esta investir no BPN, sem que isso afectasse o valor patrimonial do Estado, pois as transacções imobiliárias far-se-iam sempre a valores de mercado.

Note-se que muitos imóveis da SLN estavam financiados pelo BPN, de modo que as vendas realizadas pela SLN, fosse à Parpública, fosse no mercado, teriam como consequência no BPN, o reembolso antecipado de empréstimos, reforçando a liquidez. Além disso, o excedente do preço não financiado por empréstimos daria à SLN capacidade financeira para aumentar o capital do BPN, reforçando assim a sua estrutura de capital e também a sua liquidez. Infelizmente a nossa voz não era ouvida e caminhava-se, assim, para uma nacionalização por nós indesejada.

Quanto à solução para a qual tínhamos sido empurrados, um empréstimo da CGD, considerando as garantias que podiam ser dadas pelo BPN, só seria razoável recorrer a um empréstimo que, apesar de ser de curto prazo, pudesse ser renovado. Como referimos anteriormente, havia da nossa parte fundos de investimento imobiliário, créditos com qualidade e imóveis que poderiam ser usados como garantia e que púnhamos à consideração e à avaliação da CGD. E lá chegámos a um acordo na noite de 6 de Outubro numa reunião que terminou por volta das 24:00.

Era um financiamento de médio prazo ou de *revolving* que tínhamos pré-negociado, porém, parece que a CGD assim não o entendeu e o contrato que nos foi depois apresentado para assinar em representação do BPN, nessa altura urgente, era de um empréstimo de curtíssimo prazo. Também havia garantias do empréstimo, como o caso das obras Miró, que nos exigiam que fossem transferidas imediatamente para a CGD. Isso também não caía bem, porque só com o incumprimento do reembolso elas deveriam ser exigidas. Não fosse o risco de iminente rotura de liquidez do BPN e nunca teríamos assinado tal contrato.

Por esta altura havia uma grande desconfiança no sistema bancário, de tal forma que a imprensa noticiava a 3 de Outubro que o Ministro das Finanças, à margem de uma reunião do Eurogrupo no Luxemburgo, anunciava que *aconteça o que acontecer as poupanças dos portugueses em qualquer banco que opera em Portugal estão garantidas*[5]. Mais tarde, a 15 de Outubro, a Comissão Europeia propunha elevar a garantia mínima dos depósitos bancários para 100 mil euros em caso de falência de um banco, assim como reduzir para apenas três dias o tempo máximo para devolver o dinheiro aos seus clientes, o que o Governo Português viria a implementar através do Decreto-Lei n.º 211-A/2008, de 11 de Março, determinando o aumento de 25 mil para 100 mil euros em vigor até 31 de Dezembro de 2011. Note-se que a desconfiança no sistema bancário era tal que o Governo Português teve de, mais tarde, vir publicamente anunciar a garantia total dos depósitos, garantia total que veio a ser levantada só em Fevereiro de 2010.

De realçar que na altura em que estávamos a assinar o contrato de empréstimo com a CGD, o mercado já sabia – conforme se referiu – por notícia do Expresso de 4 de Outubro, que havia dois pequenos bancos em dificuldade. Se não assinássemos o contrato de empréstimo com a CGD ficava aí a prova da verdade. O BPN era um deles. E, perante a evidência, os outros pequenos bancos também iriam sofrer de crise de liquidez, com a corrida dos depositantes aos seus

---

[5] In *Público* (*on-line*), 06.10.2008 - 16:12. «Ministro das Finanças participa na reunião do Eurogrupo. Teixeira dos Santos: depósitos bancários em Portugal garantidos "aconteça o que acontecer"», artigo por Isabel Arriaga e Cunha, no Luxemburgo.

balcões. Pareceu-nos na altura, e ainda mais hoje, uma atitude sensata da nossa parte, assinar o contrato de empréstimo, apesar de discordarmos dos seus termos, porque poderia estar em causa o próprio sistema financeiro nacional.

O Banco de Portugal continuava nesta altura a recusar-nos o recurso a um apoio de emergência de liquidez, com o argumento de que não o poderia fazer sem evidência de que o BPN cumpriria as exigências legais quanto à sua solvabilidade. Sugeria-nos assim que contactássemos com instituições do sistema bancário para acudir quer à questão de liquidez, quer à solução estrutural. A participação de capital de um banco português no BPN seria, em nossa opinião, pouco viável, pois muitos se defrontavam com problemas de liquidez e tinham também pressão para reforçar o seu rácio de solvabilidade. Na opinião do Banco de Portugal, caso a situação se agravasse, haveria que tomar decisões mais radicais, como por exemplo, a aquisição do BPN por parte da CGD. Éramos assim empurrados para uma nacionalização encapotada.

Miguel Cadilhe sempre foi muito transparente nas suas opiniões e acções. Não lhe parecia correcto fazer-se uma nacionalização encapotada. Assim, exprimiu numa reunião com a administração do Banco de Portugal que a administração do BPN não gostaria de ver uma intervenção radical por parte do Estado sobre o BPN. Considerávamos que face às falhas de supervisão e por não ter intervindo antes da nossa tomada de posse com a nomeação de administradores, tinha agora o Banco de Portugal a obrigação, no mínimo moral, de nos ajudar numa solução de longo prazo, e não ficar apenas preocupado com a liquidez esperando que, a prazo, o Estado tomasse o controlo do BPN. Claro que este tipo de posição, embora proferida apenas em privado, não agradava a quem do outro lado a ouvia.

    Apesar disso, a opinião do senhor Governador era de que tudo faria, dentro dos condicionalismos, para que não ocorresse uma nacionalização como aconteceu em alguns países, pois pela Europa fora todos os bancos centrais estavam a ajudar na construção de soluções para os problemas que iam emergindo. Além disso, reafirmava ter uma confiança total na nossa equipa. Mas, para já, a preocupação primordial do Banco de Portugal centrava-se na questão da liquidez. A solução para a questão estrutural, em sua opinião, viria depois. Empurrava-nos essencialmente para procurar o patrocínio de outros bancos. E só se a situação se agravasse é que seriam necessárias decisões mais radicais.

    Mas a nossa opinião era de que era preciso trabalhar a solução pontual de liquidez e em simultâneo a solução estrutural e já tínhamos medidas em curso de que demos conhecimento ao Banco de Portugal:

    Chamámos a atenção do Banco de Portugal, também, para o facto de a notícia recente do Expresso sobre o senhor Governador se ter mostrado, numa reunião particular com alguns banqueiros, preocupado com a liquidez de dois pequenos bancos ter provocado um efeito desastroso na nossa liquidez. É evidente que esta frontalidade, ainda que só mostrada em privado, desagradava a Vítor Constâncio. Fizemos notar que após a entrada da nossa administração, o lançamento do aumento de capital da SLN e a apresentação do plano de reestruturação e valorização do grupo, com 10 medidas concretas, teve uma aceitação muito positiva pelo mercado com uma melhoria imediata na liquidez do BPN e de tal forma foi o êxito que o Banco de Portugal, que inicialmente controlava a liquidez diariamente, com a nossa entrada passou a fazê-lo de forma semanal.

Ficou acordado que nós iríamos preparar uma nota para informação do senhor Ministro das Finanças quanto à situação do BPN e o nosso ponto de vista sobre a solução do problema.

Entretanto aumentava a cadência das reuniões no Banco de Portugal, o que também nos limitava o tempo para estudar e estruturar possíveis alternativas não só de financiamento pontual, como mais estruturais.

Nova reunião a 13 de Outubro. Líamos nessa manhã, no *Financial Times*[6], que por todo o mundo os governos aprovavam pacotes para salvar os seus bancos e o seu sistema financeiro: a Grã-Bretanha já tinha injectado 37 milhares de milhões de libras nos bancos Royal Bank of Scotland, HBOS e Lloyds TSB; os governos alemão e francês revelavam os seus planos para restaurar a liquidez e injectar capital no sector bancário. Berlim aprovava um pacote até 470 milhares de milhões e Paris um pacote de 340 milhares de milhões; também surgiam detalhes sobre o plano do governo dos EUA – 700 milhares de milhões de dólares; referia-se

---

[6] «Europe acts to rescue banks», Bertrand Benoit, Berlin, in FT.com – *Financial Times*, 13.10.2008, 09:56.

que a Itália estava entre os outros países preparados para um anúncio de resgate de bancos; Espanha – até 100 milhares de milhões; Austrália e Nova Zelândia também anunciaram garantias para os depósitos bancários, assim como os Emirados Árabes Unidos; o governo sueco anunciava que iria divulgar as medidas para proteger o seu sector financeiro nos próximos dias, mas não tinha planos para injectar capital nos bancos; a Noruega – até 55,4 milhares de milhões de dólares em títulos do Tesouro em troca de dívida hipotecária; e em Portugal anunciava-se 20 milhares de milhões de euros de garantias para o financiamento dos bancos.

De acordo com a mesma notícia, qualquer banco que viesse a participar neste regime de garantias ou de recapitalização teria de dar ao Ministério das Finanças poder para tomar decisões em áreas como o nível das remunerações das administrações e consultores, a forma de utilização dos fundos ora disponibilizados e política de dividendos.

Todas estas medidas procuravam evitar ou aguentar a corrida dos depositantes ao seu dinheiro, que estava a ameaçar as instituições financeiras e todo o sistema bancário.

Éramos agora informados, pelo Banco de Portugal, que outros bancos nacionais poderiam estar com dificuldade de liquidez no curto prazo e que as garantias bancárias visavam essencialmente ajudar à retoma do funcionamento do mecanismo inter-bancário.

Para nós avizinhava-se a reunião do Conselho Superior do grupo SLN em que seria apresentado o nosso projecto de cisão («projecto Estrela») da área financeira da não financeira, e este era um passo fundamental para a entrada de parceiros no BPN.

Mal sabíamos que, com a entrega dos relatórios finais de auditoria ao grupo, a Delloite apresentaria níveis de imparidades muito acima dos preliminares e que iriam obrigar a alterar completamente os nossos planos de acção.

As imparidades no banco eram de cerca de 340 milhões, a somar às já estimadas para as operações no Banco Insular de cerca de 360 milhões de euros, o que totalizava cerca de 700 milhões de euros, só na área financeira. Na área não financeira do grupo SLN havia mais cerca de 200 milhões de euros, pelo que apresentava um total aproximado de 900 milhões de euros de imparidades em todo o grupo. Como é sabido, nem todas as imparidades são perdas efectivas e definitivas, parte importante depende do tempo futuro, o qual poderá vir a confirmar, piorar ou melhorar as situações patrimoniais objectos das imparidades. Contudo, mesmo relativizando as coisas no tempo, o volume de 700 milhões de euros imputáveis ao BPN era, só por si, uma enormidade pois quando tomámos posse o capital social do banco era de 300 milhões de euros e o valor contabilístico do capital próprio de 337 milhões de euros.

Tínhamos nesse dia uma reunião com o Morgan Stanley, que foi de imediato informado da nova situação, a qual tornava proibitiva a entrada de um investidor privado. A entrada seria possível para níveis mais baixos de perdas, mas isso exigiria uma comparticipação do Estado nas perdas, ainda que recuperável a longo prazo se as coisas corressem bem. Acordámos com o Morgan Stanley que era isso que iríamos tentar fazer e só se o conseguíssemos faria sentido retomar as negociações com o banco estrangeiro que nos tinha sido apresentado.

A forma como tínhamos pensado fazer a separação das áreas financeira e não financeira era assim posta em causa pelo nível de imparidades, na medida em que a *sub-holding* da área financeira apresentava agora capitais próprios negativos em resultado das imparidades nos bancos BPN, operações com BI, EFISA e na seguradora Real Vida e a lei impede cisões de empresas ou sub-grupos técnicamente falidos, para protecção dos credores. Também a Real Seguros sob controlo da SLN apresentava imparidades superiores às do estudo preliminar. A proposta que tínhamos recebido de potenciais compradores para alienação das seguradoras iria, assim, também precisar de revisão, pois os preços propostos estariam assim sobreavaliados.

A reunião do Conselho Superior de 15 de Outubro decorreu em ambiente depressivo face às notícias que trazíamos. Apresentámos algumas soluções que víamos como possíveis, mas com barreiras muito difíceis pela frente. Acabaram por nos dar carta-branca para seleccionar aquela que viéssemos a considerar mais viável.

Numa reunião com instituições bancárias nacionais em que participou Miguel Cadilhe a 16 de Outubro, com vista a obter um financiamento sindicado, ninguém esperava por um choque desta dimensão. E era evidente para todos que a emissão de acções preferenciais à moda britânica seria uma possibilidade de manter o banco em funcionamento no âmbito privado, mas para isso era preciso o acordo do Ministro das Finanças. A par dessa emissão havia acordo para um empréstimo sindicado de 500 milhões de euros, sujeito à aprovação de garantias apropriadas, ao abrigo do regime legal que em breve iria estar em vigor.

Dia 17 de Outubro, nova reunião no Banco de Portugal. Queríamos dar a saber que a situação da liquidez estava a chegar a um ponto de grande dificuldade e como tinha decorrido a reunião do Conselho Superior da SLN.

Quanto ao Conselho Superior, informámos que face às circunstâncias desfavoráveis que pendiam sobre a SLN e o BPN, a reunião tinha corrido bem, pela boa compreensão da situação por parte dos conselheiros, aliás até com um voto de louvor por unânimidade para nosso conforto, mas o que nos estimulava era conseguir encontrar uma solução de viabilidade para o BPN. As expectativas de entrada de um parceiro privado num aumento de capital de cerca de 320 milhões de euros só podia ser realizada mais tarde, caso o Estado se disponibilizasse a co-financiar de alguma forma as necessidades permanentes de capital, a par dos esforços que os actuais accionistas fariam participando com capital adicional na ordem de 380 milhões de euros.

Informámos dos acordos de financiamento que entretanto tínhamos conseguido com outros bancos nacionais e por via de um sindicato bancário com as garantias consideradas apropriadas. Mas era de imediato importante que nos fosse facultado acesso ao mecanismo de liquidez de emergência. E fomos, então, finalmente informados pelo Banco de Portugal da aprovação do nosso pedido de assistência de emergência de liquidez que há muito tínhamos solicitado. Mas voltámos a insistir que isso não resolvia o problema de fundo, pois sem uma solução de capital apresentada ao mercado com credibilidade, a «hemorragia» dos depósitos continuaria. Aliás esta nossa posição era tão acertada que, nem mesmo depois da nacionalização, a administração por conta da CGD conseguiu estancar essa hemorragia, precisamente porque o accionista Estado nunca reforçou o capital com a estrutura que este precisaria, para dar a necessária confiança ao mercado. Quanto à nossa proposta de solução, demos a perspectiva, que estávamos a estudar uma subscrição pelo Estado de acções preferenciais não remíveis e eventualmente convertíveis em caso de incumprimento, (depois retirámos essa hipótese porque achámos que devia ser o Estado a impor esta situação) com dividendo de 4,25% que correspondia à taxa de juro da facilidade de cedência dos outros bancos, acrescida de um *spread* de 1%, no montante de 600 milhões de euros; e que os privados poderiam numa primeira fase entrar com um capital adicional de 380 milhões de euros. Posteriormente, uma vez sanada a falta de capital, poderíamos efectuar a cisão da área financeira da área não financeira da SLN e então seria possível a entrada de um parceiro estratégico, com um montante até 320 milhões de euros.

Foi com esta perspectiva que começámos a trabalhar e que viemos a concluir, no dia 23 de Outubro de 2008, a elaboração do «Plano 23X08», mas percebemos desde logo que ela não agradava ao Banco de Portugal, já que o senhor Governador se referiu, sobre o nosso projecto de solução mais ou menos nos seguintes termos: «ou há uma solução privada ou só nos resta uma solução pública». Nesta frase, sentimos mais uma vez a crispação, dadas as diferenças de perspectiva quanto às acções a tomar, quer no curto prazo, quer no médio e longo prazo.

À nossa equipa não interessava discutir o passado, mas encontrar soluções para o futuro. Entregávamos em mão um documento com a ideia geral do que veio a ser o «Plano 23X08», que assentava num financiamento híbrido público e privado que pudesse absorver um determinado volume de perdas e dar tempo ao BPN para reagir na pesquisa de mais capital privado, incluindo, reatar a negociação com o banco estrangeiro, que nos tinha sido apresentado pelo Morgan Stanley, a entrada no capital.

Entretanto, Miguel Cadilhe solicitou reunião com o senhor Ministro das Finanças, que terá ocorrido por volta de 17 de Outubro, para apresentar o ponto de situação do BPN e as linhas gerais da nossa proposta.

Na reunião de 20 de Outubro no Banco de Portugal fomos informados que a proposta de acções preferenciais não era aceitável porque era uma proposta muito onerosa para o contribuinte. Fizemos notar que essa interpretação não era correcta. A nossa proposta não onerava em nada o contribuinte, na medida em que as acções preferenciais pagariam uma taxa de remuneração que poderia ser na ordem dos 5%, ou poderia até ser uma taxa de juro variável tendo em conta a taxa de juro do Tesouro com um *spread* adicional. A argumentação continuava de que não havia garantias de que o banco tivesse condições de pagar ao Tesouro a taxa proposta de 5%.

Da nossa parte argumentávamos que era aceitável considerarmos acções preferenciais que desse direitos especiais ao Estado em caso de incumprimento por parte do BPN e que estávamos a estudar qual o nível de taxas de juro que o banco teria capacidade de pagar e havia diversas alternativas que estávamos a estudar de alocação das perdas – ao nível da SLN, ao nível da holding financeira BPN SGPS e ao nível do banco BPN.

Continuávamos a ser empurrados para uma negociação de aquisição por parte da CGD e mais uma vez compreendemos que por melhor que fizéssemos havia enviesamentos de opinião quanto à natureza dos accionistas da SLN, que desfavoreciam a decisão de manter o banco sob controlo de accionistas da SLN. A propósito da nossa não-aceitação de uma nacionalização, directa ou encapotada pela Caixa Geral de Depósitos, Vítor Constâncio sustentava que ela seria aceite se, e quando, *os accionistas compreenderem que ninguém lhes vai dar dinheiro pelas perdas que ali ocorreram*. Para a nossa administração aceitar este princípio era o mesmo que admitir que todos accionistas tinham co-responsabilidade nas ilegalidades ocorridas. Se os havia e seriam muito poucos, era, essencialmente porque tinham colaborado com os gestores anteriores da SLN e BPN responsáveis pela situação, mas essa era uma questão a ser resolvida pelos tribunais. A generalidade dos accionistas desconhecia as ilegalidades e o que se tinham passado no banco. Acreditaram no sistema de *governance* e que os auditores internos e externos e a supervisão bancária detectariam ilegalidades do género e com a profundidade que encontrámos no banco e na SLN. Por isso, continuaríamos na linha de uma reestruturação mista de capital público-privado e que o Estado deveria assumir as suas responsabilidades decorrentes de longas e graves falhas da supervisão. A visão de que estávamos a pedir uma indemnização ou um subsídio não era correcta. Voltávamos a dizer que efectivamente, para nós, tinha havido falhas de supervisão, por isso havia uma *responsabilidade coadjuvante* do Banco de Portugal, mas que a nossa proposta não tinha nada a ver com a analogia ora usada, porque não colocávamos o ónus nos contribuintes; o que propúnhamos inicialmente eram acções preferenciais com uma taxa de rendimento na ordem dos 5% o que era superior ao custo que o Tesouro português suportava na altura. Efectivamente, a proposta final viria a ser alterada para cobrir o risco de taxa juro por parte do Tesouro, passando a uma taxa de juro variável baseada na taxa das obrigações do Tesouro acrescida de um *spread* de 1%. A existência de *spread* positivo dava ao Estado um rendimento superior ao custo que tinha na obtenção do financiamento.

A reunião terminou sem outra alternativa da parte da supervisão que não fosse negociar com a CGD.

O Governador do Banco de Portugal, Vítor Constâncio, sempre reagiu mal às nossas convictas críticas quanto à falta de qualidade e eficiência da supervisão no «caso BPN/SLN» e quando Miguel Cadilhe fez pela primeira vez essa crítica numa das reuniões com a administração do Banco de Portugal, pareceu-nos que Vítor Constâncio tomou essa crítica pessoalmente. Mas a crítica não era pessoal. Naturalmente que a única razão que nos movia ao questionar a (falta de) eficiência era a constatação, para nós, que se poderia e deveria ter atalhado bem mais cedo no ataque às irregularidades praticadas e à ocultação de imparidades. Mais tarde constatámos que, afinal, não estávamos sós quando nos referíamos, negativamente, à *performance* dos serviços da supervisão do Banco de Portugal.

Ficámos a saber que a «Privados Clientes» – associação de clientes do BPP, Banco Privado Português – entregou no Tribunal Administrativo e Fiscal de Lisboa uma acção de pedido de indemnização contra o Banco de Portugal, com o argumento de que a instituição falhou a supervisão no «caso BPP».

De igual modo, em recente livro de Filipe Pinhal sobre o «caso BCP», *Prova de Vida*, são inúmeras as referências negativas à forma de actuação da supervisão do Banco de Portugal, nomeadamente quando na página 58 o autor escreve, sem prescindir de discordar da acusação: «Ao longo de todo o processo, mais de uma vez foi levantada a questão da qualidade da supervisão. Perguntava-se, e bem, qual o papel de uma supervisão que acompanha e inspecciona um banco e... espera dez anos para o acusar».

Mais recentemente, vemos idênticas referências negativas à qualidade da supervisão do Banco de Portugal no livro *O Estado em que Estamos*, de Luis

Marques Mendes, quando nas páginas 109 e 110 escreve: «Durante meses o país percebeu que o Banco de Portugal não agiu bem no caso BPN. Foi omisso, silencioso e negligente. No mínimo, pactuou por omissão. Nenhum português tem dúvidas que o Banco de Portugal teve muitas culpas no cartório. [...] o Banco de Portugal não cumpriu as suas responsabilidades. Primou sempre pela ausência e pela omissão. Nunca pela eficácia e prontidão de fiscalização.»

O que pretendemos salientar é que da nossa parte sempre houve uma actuação que procurava defender os interesses dos diferentes *stakeholders* – accionistas, clientes, Estado, pessoal e o próprio sistema financeiro. Mas nessa nossa actuação, nunca fomos submissos e não deixámos nunca de emitir a nossa opinião, ainda que em privado, quanto aos problemas detectados, quanto aos diferentes responsáveis e quanto à nossa forma de ver a resolução dos problemas. E sempre fomos observando os sucessivos e indisfarçáveis desagrados de Vítor Constâncio.

# A nossa proposta:
# o «Plano BPN 23X08»

As soluções para suprir os problemas detectados estavam consubstanciadas na proposta apresentada ao Governo, através do senhor Ministro das Finanças, o «Plano BPN 23X08», que, em nosso entender, resolvia as questões fundamentais em aberto: **liquidez, solvabilidade e viabilidade do BPN.**

Numa primeira fase participariam os accionistas **privados,** o **Estado** e **seis bancos,** tendo-se definido um conjunto de operações a concretizar em 2008 e 2009.

Estas operações eram complementadas, fundamentalmente, com a implementação em curso dos citados **Plano de reestruturação e valorização** (Plano PRV de 29 VIII 2008) e **Programa de vendas de activos não estratégicos.**

Não obstante o longo e grave peso do passado, o «Plano BPN 23X08» mostrava, em nosso entender, que havia condições para uma regeneração do banco e do grupo BPN. O plano mostrava que para essa regeneração era necessário recorrer a dois instrumentos públicos em vias de criação pelo Governo: de recapitalização e de apoio à liquidez. E mostrava que o BPN podia fazê-lo porque preenchia os requisitos, conhecidos ou presumidos, do acesso a tais medidas.

Ao formular aquela proposta – e, também por isso, seguimos aquele caminho – estávamos cientes que as medidas públicas de apoio à banca não deviam ser subsídios mas que deveriam ter um custo de capital minimamente adequado às condições de mercado (juros) e o capital deveria ser reembolsável.

De facto <u>as nossas propostas não eram graciosas nem eram a fundo perdido, não eram transferências dos contribuintes</u>. Não o eram, bem entendido, à partida, desde que estivessem provadas *ex ante* a solvência da instituição (questão do capital) e a capacidade de libertar meios (questão do rendimento) para pagar quer comissões de aval do primeiro instrumento, em níveis de mercado, quer taxas de remuneração anual do segundo instrumento, em níveis superiores ao da taxa de juro da dívida pública – e entendíamos que o «plano BPN 23X08» evidenciava essa capacidade.

## 1. A solvabilidade: medidas de recapitalização

O rácio de solvabilidade e a proporção dos capitais próprios precisavam de ser reforçados. As regras fixadas no regime geral das instituições de crédito e sistemas financeiros (RGICSF) impõem mínimos de capitais próprios para os bancos poderem operar, que o BPN não tinha (nem afinal tem, ainda hoje, decorridos mais de dois anos da nacionalização). A nossa avaliação das imparidades no BPN incluindo Banco Insular, na ordem de 700 milhões de euros, indicava que o capital próprio do BPN era negativo, estando assim o BPN tecnicamente falido.

A recapitalização do BPN, de acordo com o «plano BPN 23X08», integrava várias operações com vários investidores:

– O grupo SLN;
– O Tesouro português;
– Accionistas estratégicos;
– Se necessário e possível, uma operação de empréstimos subordinados.

Participariam, no reforço dos capitais próprios e permanentes o accionista **único** (SLN, por via da BPN SGPS) e, acima dele, os accionistas **privados**, que tinham já aprovado um aumento de capital da SLN em numerário no montante de 300 milhões de euros. A participação dos privados seria de **380 milhões de euros**, assim canalizados e escalonados em quatro injecções de dinheiro fresco pelo accionista único:

– 80 milhões de euros em Setembro de 2008 –parte maior da 1.ª tranche da «operação cabaz» SLN que, na altura da elaboração deste plano já se encontrava realizada;

- 100 milhões de euros em finais de Outubro de 2008 na sequência da 2.ª tranche da «operação cabaz» SLN. De referir que, entretanto, muito perto do vencimento da 2.ª tranche, decidimos suspender o processo do aumento de capital ao pressentirmos que estava iminente a nacionalização do banco, não se justificando sacrificar mais os investidores privados que já iriam ser penalizados com a nacionalização;
- 100 milhões de euros, em parcelas sucessivas, a partir de fins de Novembro tendo por base a alienação de activos não estratégicos e reafectação das respectivas receitas a aumentos de capital do banco;
- 100 milhões de euros em fins de Março de 2009 – 3.ª tranche da «operação cabaz» SLN.

Ao **Estado**, era solicitada uma subscrição de acções preferenciais, sem voto, de **600 milhões de euros** remuneradas. Por esta operação o Estado receberia um «dividendo prioritário» igual à taxa de juro da dívida pública mais um *spread* de 1% e a possibilidade de um «dividendo variável», naturalmente em função dos resultados líquidos apurados em cada exercicio.

Ao **Estado** era, também e nos termos da Lei 60/A--2008, solicitado um **aval** para garantir um empréstimo de 500 milhões de euros, já informalmente acordado, a financiar por um conjunto de seis instituições bancárias nacionais. Este aval do Estado seria, porém, igualmente remunerado e contra-garantido com activos do BPN, a escolher pelo Tesouro, com valor no mínimo equivalente ao dobro do valor do aval prestado. O produto desta operação destinar-se-ia a liquidar dois empréstimos intercalares em curso.

Fazia, também, parte do «Plano BPN 23X08», numa segunda fase, em valores que ainda não estavam definitivamente determinados, a entrada de um accionista estratégico, através do reforço na chamada operação «BPN 100%». Esta operação estava, como se referiu anteriormente, já a ser coordenada com o apoio da Morgan Stanley. Configurava inicialmente três alternativas:

– *private equity;*
– investidor estratégico;
– colocação privada em investidores institucionais.

Já nos tinha sido apresentado um investidor estratégico potencial e, não fosse o excesso de imparidades acima do que inicialmente se esperava, estava calendarizada e previa-se a sua conclusão até Dezembro de 2008. Na decorrência do relatório final da Deloitte em que foi determinado um grande volume de imparidades, este programa foi suspenso até ver se teríamos o «Plano BPN 23X08» aprovado, para então o poder retomar.

Havia igualmente o reforço de capitais permanentes com fundos provenientes de alienações de diversos activos e empresas de grupo SLN. Parte deste «programa de alienações» estava pendente das avaliações, em fase de ultimação, e todo ele precisava naturalmente de tempo e de oportunidades do lado da procura. Muitos desses activos estavam financiados por empréstimos do BPN, pelo que a sua alienação pela SLN teria dois efeitos favoráveis sobre o BPN – o reembolso do empréstimo, fornecendo-lhe mais liquidez, e a diferença entre o preço de venda e o valor do empréstimo poderia ser usado pela SLN para reforçar a sua posição no BPN.

Havia ainda em estudo a emissão de empréstimos subordinados ou de obrigações com opção aquisitiva de acções (convertíveis ou com *warrant*).

Com as operações referidas, o **capital social do BPN passaria**, num curtíssimo prazo, **de 300 milhões de euros para 1 280 milhões de euros** (300 milhões euros pré-existentes, mais 380 milhões de euros de acções ordinárias do accionista SLN via BPN SGPS, mais 600 milhões de euros de acções preferenciais a serem subscritas pelo Estado). Consequência de várias rectificações do balanço e regularizações do passado (imparidades) estimadas, à data, em **700 milhões de euros**, os **capitais ficariam em 580 milhões de euros.**

Numa segunda fase, a operação em curso referida como «BPN 100%», o restante programa de alienações e o empréstimo subordinado, contribuiriam para o seu posterior reforço.

O que propúnhamos assentava no pressuposto de o instrumento público de recapitalização ser configurado como acções preferenciais sem voto, não remíveis, com direito a «dividendos prioritários». Mas a proposta mantinha-se válida se outra fosse a forma do referido instrumento, desde que tivesse efeitos equivalentes em sede de regime de supervisão prudencial. Aliás indo ao encontro do explicitamente referido no *site* do Banco de Portugal, na secção de «Supervisão prudencial»: «A maioria dos limites estabelecidos no contexto das regras prudenciais assenta no conceito de fundos próprios. Além dos capitais próprios deduzidos de certos activos [...] os fundos próprios compreendem outros agregados como [...] empréstimos subordinados, os quais [...] reúnem condições para constituir uma margem capaz de absorver um determinado volume de perdas e dar tempo às instituições para reagir, por exemplo através de [...] ou através de emissão de <u>outros instrumentos elegíveis</u> para os fundos próprios [...]» [sublinhado nosso].

## 2. A liquidez

A situação da liquidez no BPN era, no curto prazo, um sério constrangimento. A conjuntura envolvente era de generalizada falta de liquidez nos sistemas bancários, o que dificultava ainda mais a ultrapassagem dos problemas.

As insuficiências de liquidez seriam naturalmente resolvidas pelo financiamento sindicado de seis bancos e pelos aumentos de capital – próprios e permanentes – nas formas atrás descritas, mas enquanto se não realizassem, estavam em curso:

– O apoio do mecanismo «Assistência de liquidez de emergência» pedido ao Banco de Portugal, que só foi formalizado em 6 de Outubro de 2008 (embora prometido anteriormente, era continuamente adiado), e que acabou por ser concedido, apenas por metade, só em 17 de Outubro

de 2008. Empréstimo este devidamente contra-garantidos por activos do BPN, escolhidos pelo Banco de Portugal e em montante de cerca do dobro do valor do empréstimo;
– O financiamento por «OIC» – Outras Instituições de Crédito (efectuado 200 milhões de euros com CGD), igualmente contra-garantidos por activos do BPN escolhidos pela CGD e em montante cerca do dobro do valor do empréstimo;

Estes dois empréstimos seriam liquidados, conforme atrás referido, pelo empréstimo de 500 milhões de euros (já negociado pela nossa administração, mas que não chegou a se concretizado dada a perspectiva da nacionalização) por seis instituições de crédito nos termos da lei 60-A/2008 de 20 de Outubro e portaria 1219-A/2008 de 23 de Outubro.

Complementarmente, e para reforçar a tesouraria do banco, estava em curso a venda dos activos «extravagantes» como os quadros de Miró (80 milhões de euros) e a emissão de um programa de securitização de crédito ao consumo (200 milhões de euros). Como referimos anteriormente, negociava-se também com o Banco de Portugal, e numa fase já muito adiantada, a possibilidade de este vir a considerar como fazendo parte da tesouraria do BPN um conjunto de moedas do Campeonato de Futebol Euro 2004 (40 milhões de euros).

Convirá salientar que o esforço feito pelas seis instituições de crédito nacionais, no empréstimo de 500 milhões de euros ao BPN, não constituiria «secagem» de liquidez no sistema e para aqueles bancos. Como havia a correlativa garantia do Estado português ao BPN, ao abrigo do novíssimo regime legal, aqueles seis bancos nacionais poderiam refinanciar-se junto do Banco Central Europeu (BCE), e em condições favoráveis de taxa de juro, uma vez que aqueles créditos eram considerados elegíveis pelas regras do BCE.

### 3. Os pressupostos do plano de viabilidade

#### 3.1. O abrangente quadro que o «PRV» nos traçava...

A elaboração do plano de viabilidade do banco apresentado ao Ministro das Finanças, desenvolvido pela nossa administração, tinha subjacente, um *plano de reestruturação e valorização* do grupo (PRV). Este havia sido coordenado pela administração com a envolvência de todos os directores centrais do banco e outros quadros. O empenhamento era geral. Não houve recurso a consultores externos. Não se tratou de um mero exercício técnico.

Em conjunto – administração e direcções – identificaram no "PRV" as áreas de intervenção e os objectivos, as medidas de execução, os responsáveis pela implementação e a calendarização do plano.

Havia no «PRV» medidas diferenciadas no tempo, com impacto quer imediato, quer a curto prazo, quer a médio prazo. Actuava-se nas esferas de: reputação e imagem institucional; reestruturação, simplificação, sinergias e rácio de eficiência; controlo e disciplina da gestão de capital, risco e *pricing*; capitalização do banco e do grupo; expansão da actividade comercial; etc. E, finalmente, apostava-se na obtenção de bons níveis de satisfação de clientes, colaboradores, accionistas e supervisores.

### 3.2. As incisivas medidas que o «Plano BPN 23X08» nos impunha...

O «Plano BPN 23X08» desenvolvia-se em três vertentes: financeira, económica e de reestruturação do grupo.

A vertente financeira – fundamentalmente reforço dos capitais próprios e permanentes – já explicitada anteriormente, permitiria ultrapassar as insuficiências de liquidez e repor os indicadores de solvabilidade nos níveis exigidos pela regulamentação das instituições de crédito e supervisão.

A vertente económica – melhoria das condições de exploração da actividade – era desenvolvida com pressupostos não só confluentes com os indicadores macroeconómicos e sectoriais à época, como também, confluentes com a performance histórica do banco.

A vertente reestruturação estava profunda e detalhadamente desenvolvida no «Plano PRV».

O resultado previsional da proposta de viabilização do banco que desenvolvemos e apresentámos ficou consubstanciado no «Plano BPN23X08». A análise do anexo F (aqui, quadro 5) do referido «Plano» demonstra inequivocamente que a «administração Cadilhe» tinha uma estratégia e um plano que resolvia os três grandes objectivos a que se propunha, nomeadamente:

– Melhorar os rácios prudenciais exigíveis pelas autoridades de supervisão para exercício da actividade bancária;
– Alcançar rentabilidades positivas na actividade comercial do banco e;
– Assegurar capacidade financeira para pagamento dos dividendos prioritários ao Estado.

Note-se que propúnhamos uma carência de três anos no pagamento de dividendos preferenciais com vista a conseguir neste período «sair da l.inha de água», mas – verdade escamoteada por alguns depreciadores do «plano BPN23X08» – esse dividendo era capitalizado e pago no quarto ano de actividade, que cabia ainda dentro da responsabilidade do nosso primeiro mandato.

Não houve tempo (nós lutávamos contra ele, também!) para redigir em termos formalmente apresentáveis, isto é, passar a limpo, os «pressupostos» que tínhamos assumido no «plano». O documento destinava-se ao Ministro das Finanças e exigia-se um mínimo de elegância formal, consentâneo e coerente aliás com as restantes páginas escritas do plano... Todavia, dissemos que estávamos disponíveis para, em reunião, expor e fundamentar, a qualquer hora, essa parte implícita do plano, que, diga-se em abono da verdade, não era nada difícil de descortinar nas linhas e entrelinhas e mapas do plano lidos por um bom entendedor com boa vontade, a quem *meia palavra basta*. Mesmo assim, e por sugestão de Miguel Cadilhe a Vítor Constâncio, pois o Banco de Portugal estava encarregado de dar parecer ao Ministro das Finanças,

## Quadro 5
## As projecções do Anexo F do «Plano BPN 23X08»

Anexo F
Solvência
Capacidade de pagar dividendos prioritários

### Quadro 1 - Balanços previsionais *

*1.000 €*

| Balanços Previsionais (BPN + IFIC) | 2008E | 2009E | 2010E | 2011E | 2012E | 2013E |
|---|---|---|---|---|---|---|
| Total do Activo | 8.089.175 | 9.089.237 | 9.923.762 | 10.850.606 | 11.887.737 | 12.959.726 |
| Dos quais: Crédito a clientes | 5.763.608 | 6.892.187 | 7.800.092 | 8.832.604 | 9.828.744 | 10.971.533 |
| Total do Passivo | 7.608.595 | 8.495.474 | 9.314.966 | 10.212.162 | 11.241.345 | 12.262.798 |
| Dos quais: Recursos de clientes | 5.222.336 | 5.743.779 | 6.317.366 | 6.948.312 | 7.468.842 | 8.028.412 |
| Total do Capital Próprio | 480.580 | 593.763 | 608.796 | 638.444 | 646.392 | 696.929 |
| Dos quais: | | | | | | |
| Capital | 1.180.000 | 1.280.000 | 1.280.000 | 1.280.000 | 1.280.000 | 1.280.000 |
| Reservas e resultados transirados | 27.219 | (716.865) | (716.206) | (714.828) | (702.895) | (668.929) |
| Resultado do exercício | (744.084) | 13.183 | 27.556 | 55.827 | 51.841 | 68.412 |

### Quadro 2 - Demonstração de resultados previsionais *

*1.000 €*

| Demonstração de Resultados Previsionais (BPN + IFIC) | 2008E | 2009E | 2010E | 2011E | 2012E | 2013E |
|---|---|---|---|---|---|---|
| Juros e rendimentos similares | 507.789 | 471.156 | 519.506 | 651.687 | 715.701 | 752.646 |
| Juros e encargos similares | 381.427 | 350.263 | 372.294 | 469.682 | 539.913 | 562.901 |
| Margem financeira | 126.362 | 120.893 | 147.212 | 182.005 | 175.788 | 189.745 |
| Produto bancário | 165.582 | 209.848 | 230.712 | 264.430 | 265.149 | 286.791 |
| Custos Operacionais | 180.815 | 171.864 | 176.923 | 179.958 | 182.483 | 185.061 |
| Provisões líquidas de reposições e anulações e | | | | | | |
| Correcções de valor associadas ao crédito a clientes e valores a receber de outros | (701.577) | (22.020) | (23.487) | (25.870) | (28.050) | (30.554) |
| Imparidade de outros activos financeiros líquida de reversões e recuperações | (83) | (83) | (83) | (83) | (83) | (83) |
| Imparidade de outros activos líquida de reversões e recuperações | (25.892) | (2.698) | (2.662) | (2.692) | (2.692) | (2.692) |
| IRC | (1.298) | - | - | - | - | - |
| Resultados Líquido | (744.084) | 13.183 | 27.556 | 55.827 | 51.841 | 68.412 |

### Quadro 3 – Capacidade de pagamento do dividendo prioritário *

*1.000 €*

| | 2008E | 2009E | 2010E | 2011E | 2012E |
|---|---|---|---|---|---|
| Acções preferenciais | 600.000 | 600.000 | 600.000 | 600.000 | 600.000 |
| Spread | | 1,00% | 1,00% | 1,00% | 1,00% |
| Spread +Yield OT 10y | | 5,06% | 5,27% | 5,60% | 5,60% |
| Dividendo preferencial | | 30.357 | 31.613 | 33.617 | 33.617 |
| Dividendo preferencial capitalizado | | 30.357 | 63.569 | 100.748 | 140.010 |
| Pagamento de dividendo preferencial | | | | | 140.010 |
| Resultado disponível para dividendos | | 12.524 | 26.179 | 53.035 | 49.249 |
| Resultado disponível para dividendos capitalizado | | 12.524 | 39.362 | 94.603 | 149.152 |

* Estes mapas contêm previsões meramente indicativas

um dos autores deste livro, enquanto administrador em funções e responsável pela construção e coordenação do *business model*, deslocou-se ao Banco de Portugal para explicar todos os pressupostos estratégicos, comerciais, operacionais, financeiros e de organização em que assentava o plano e os mapas de comprovação das metas que nos propúnhamos alcançar e que sintetizávamos no referido anexo F (aqui, quadro 5). Da parte do Banco de Portugal, nessa reunião, estavam precisamente os técnicos que acompanhavam a supervisão do BPN e da SLN, que não nos pareceram ter a distanciação suficiente para apreciarem o plano, nem nas suas funções terem esse tipo de competência e experiência, pois não se tratava de uma auditoria financeira, mas de uma análise estratégica, comercial, de marketing e operações que se consubstanciava num plano financeiro. Essa reunião foi de exposição dos pressupostos e sem grande refutação do que quer que fosse. Pareceu-nos que ou tinhamos sido muito convincentes na exposição, ou a decisão de nacionalização já estava programada e a reunião era mais um ritual do que outra coisa.

# A solução do Governo e do Banco de Portugal: a nacionalização

O Governo, através da Lei 62/A-2008 de 11 de Novembro, decidiu pela nacionalização do BPN, afastou da gestão a «equipa de Miguel Cadilhe» e entregou a sua condução à CGD.

Os fundamentos constam do ponto 1 da «Exposição de motivos» que o Governo enviou à Assembleia da República com a proposta de lei da nacionalização: «Verificados o **volume de perdas acumuladas** [...] a **ausência de liquidez adequada** e a **iminência de uma situação de ruptura de pagamentos** que **ameaçam os interesses dos depositantes** e a **estabilidade do sistema financeiro** e **apurada a inviabilidade** ou inadequação de meio menos restritivo apto a salvaguardar o interesse público, são nacionalizadas todas as acções representativas do capital social do BPN».

Convirá recordar que não foi o Governo, nem tão pouco o Banco de Portugal, que identificou as irregularidades, os problemas de liquidez, as insuficiências de capitais próprios, as imparidades. Foi a «administração Cadilhe». E não se limitou a transmitir as dificuldades. Foi mantendo informado o Banco de Portugal, estabeleceu um programa de revitalização interno, motivou equipas, apresentou ao Governo o plano de viabilização do banco, atacou toda a espécie de irregularidades, cumpriu a lei comunicando às entidades competentes as ilicitudes encontradas.

A este propósito, transcrevemos afirmações de Miguel Cadilhe em entrevista ao Expresso aquando da passagem do primeiro ano sobre a nacionalização:

> «De facto a minha administração havia identificado uma inimaginável série de práticas danosas e ilegais de administrações anteriores, além de ter posto a nu a flagrante falha de eficácia do Banco de Portugal no exercício da supervisão ao longo dos anos. O Banco de Portugal podia e devia, a nosso ver, ter descoberto e actuado muito mais cedo, muito antes da nossa chegada. O espantoso é que o Banco de Portugal por vezes afirma que já conhecia vários factos e a sua gravidade, mas então, se assim era, devia o Banco de Portugal ter feito uma dura e consequente intervenção antes de nós sermos designados. E, deste modo, a nossa eleição jamais teria ocorrido. O que aqui se configura é um imperdoável incumprimento de básicos deveres de diligência do Banco de Portugal. Porque, das duas uma, ou

ambas. Ou houve uma prolongada desatenção do Banco de Portugal, de que decorreu a não detecção de muitos sinais, indícios, riscos iminentes e factos consumados. Ou houve essa detecção, seguida porém de uma gravíssima passividade e inacção do Banco de Portugal».

E igualmente transcrevemos afirmações proferidas pelo senhor Governador do Banco de Portugal na conferência de imprensa conjunta «Ministro das Finanças/ /Governador do Banco de Portugal», de 2 de Novembro de 2008 em que foi anunciada a nacionalização do BPN

«[...] As irregularidades vêm de trás [...] e nada têm a ver com a administração de Miguel Cadilhe». Assim como: «A lei permitia, além de nomear dois novos administradores, suspender a administração actual [de Miguel Cadilhe]. Não o fizemos porque temos confiança na administração actual com quem temos trabalhado desde Junho em estreita colaboração». E mais adiante «[...] ao nomear dois administradores que vêm da CGD [...] não suspendemos ninguém da actual administração, não havia razão para o fazer»

Mas a nossa administração, a «administração Cadilhe», não se demitiu, foi demitida, pelo n.º 1 do art.º 9.º da Lei que nacionaliza o BPN: «...consideram-se dissolvidos, com efeitos imediatos, os órgãos sociais da pessoa colectiva em causa e das sociedades que com esta se encontrem em relação de domínio e grupo» e o n.º 2 refere que «os membros cessantes dos órgãos sociais mantêm-se em funções até serem designados novos membros e <u>ficam obrigados a prestar aos seus sucessores todas as informações e esclarecimentos necessários para o normal exercício das respectiva funções</u>». [Sublinhado nosso.]

Note-se que a lei da nacionalização é de 11 de Novembro, mas já a 3 de Novembro a nossa administração estava a prestar todas as informações necessárias aos dois administradores da CGD, entretanto designados pelo Banco de Portugal, de tal forma que quando a lei saiu com a exigência de prestação de informação já nós estávamos prontos para sair. Estivemos no nosso posto, a prestar o nosso serviço como é dever de profissional.

Por seu lado, também os accionistas não fugiram nem queriam que o banco fosse nacionalizado: subscreveram um aumento do capital social da SLN de 300 milhões de euros e o nosso plano previa um aumento de capital no banco de 380 milhões de euros, como foi explanado.

O Estado português, através da decisão do Governo, entrou no BPN porque quis, porque não quis dar hipótese a que Cadilhe fizesse o *turnaround* do banco, e por estar convencido que conseguiria gerir melhor que a «administração Cadilhe» um banco tecnicamente falido, com diversos processos de fraude. Enganou-se. Não percebeu que os *turnarounds* não se fazem por meros actos de estatização. Que é preciso administradores com empenho e com capacidade e condições para assumir riscos. Além disso, não percebeu que ao separar o

## A SOLUÇÃO DO GOVERNO E DO BANCO DE PORTUGAL: A NACIONALIZAÇÃO

BPN da SLN criava agora uma série de conflitos que se tornavam irresolúveis e que iriam parar a tribunal, alguns dos casos que nós já estávamos a procurar negociar e resolver extra-judicialmente. Não percebeu que a SLN já tinha definido, sob a nossa administração, que o *core business* do grupo era o banco e que tudo faríamos, dentro da lei e da vontade accionista, para salvar o banco. A SLN como accionista do BPN teria interesse em acelerar o nosso processo de vendas de activos não estratégicos e, assim, poder gerar liquidez para salvar o banco. Todavia, com a nacionalização do BPN, a SLN teria de repensar quais eram as suas áreas estratégicas e não teria interesse em continuar com o processo de vendas que a nossa administração tinha iniciado e que estava a entrar na fase de realização no momento em que ocorreu a nacionalização.

O Estado desperdiçava, pelo menos 380 milhões de euros que era o contributo já assegurado pelos próprios accionistas privados para a viabilização do banco, desperdiçava as vendas de activos não estratégicos da SLN que permitiam reembolsar empréstimos do BPN que financiavam esses activos (ou a diversificação de credores que podia resultar da venda desses activos a terceiros) e desperdiçava os aumentos de capital que podiam advir da diferença entre o preço de venda dos activos não estratégicos e o financiamento que os suportava.

O Governo, através da decisão do Ministério das Finanças, não cuidou de ter feito, previamente, uma análise «custos-benefícios» dos efeitos da nacionalização do BPN.

O Governo, de uma assentada, penalizou a totalidade dos mais de 400 accionistas que em geral desconheciam, tal como aparentemente a supervisão do Banco de Portugal durante muito tempo desconhecia a existência de um Banco Insular fora das contas, uma centena de entidades *off-shore* e todo o conjunto de fraudes que prejudicaram, essencialmente, não só os accionistas da SLN, mas também o Fisco. Os accionistas, depois de terem sido prejudicados por via de uma gestão danosa, sem que a supervisão tivesse feito devidamente o seu trabalho, vêem-se a braços com uma nacionalização injusta para a maioria esmagadora deles, sem o mínimo de consideração por muitos que canalizaram as suas poupanças para este projecto, com intuito genuíno. Se havia alguns accionistas envolvidos e conhecedores dos processos de gestão danosa, o Banco de Portugal também tinha a obrigação de as ter detectado, como nós o fizemos na íntegra e em poucos meses. A desculpa de que a administração que nos antecedeu não lhes dava informação não é desculpa. Se a administração não lhe dava informação, o Banco de Portugal que nomeasse administradores para conhecer por dentro o que se passava no BPN, embora seja nosso entendimento que, com os meios de que dispunha e com os fortes indícios de que ia tendo notícia, o Banco de Portugal poderia e deveria ter detectado o que estava acontecendo no BPN.

# As razões da recusa do «Plano BPN 23X08»

Os fundamentos oficiais, sublinhe-se «oficiais», da recusa do nosso plano e da preferência pela nacionalização podem ser conhecidos através da leitura do parecer do Banco de Portugal sobre a nossa proposta de recapitalização do banco BPN, dirigido ao senhor Ministro das Finanças, de que tivemos conhecimento e acesso aquando da nossa presença no inquérito parlamentar efectuado em 2009 ao caso SLN/BPN. O texto de onze páginas apresenta no início uma série de considerações históricas, passa a uma apresentação sintética da nossa proposta de viabilização e faz depois mais um conjunto de considerações sobre o «plano» para concluir, sem que seja feita uma análise económico-financeira e estratégica ao nosso «plano».

Considerava o parecer do Governador Banco de Portugal Vítor Constâncio sobre o «Plano BPN 23X08» que:
- Não foram explicitados os pressupostos subjacentes à projecção das contas, mas não refere que um de nós fez uma exposição no Banco de Portugal desses pressupostos e, todas as questões e dúvidas suscitadas pelos técnicos do Bando de Portugal nessa reunião foram respondidas e esclarecidas;
- Quanto às previsões económicas, os resultados futuros eram de muito difícil concretização, sendo que o parecer analisava apenas dois indicadores: crescimentos anuais em média de crédito a clientes de 13,7% e do activo total de 9,9% até 2013.
- A remuneração proposta para as acções preferenciais era insuficiente, por se a considerar abaixo dos padrões internacionais de mercado;
- Não seria necessário o Estado disponibilizar 600 milhões de euros. Seriam suficientes apenas 425 milhões de euros.
- O contributo do Estado em 2009 poderia ainda ser menor, caso se realizasse integralmente o aumento de capital da SLN e este fosse re-injectado no BPN, e fosse emitida dívida subordinada.
- Cumpria com o rácio de solvabilidade legal mínimo de 8%;

A avaliação económica desfavorável do plano baseia-se em apenas dois indicadores económicos, ainda por cima, nenhum deles dá uma perspectiva da capacidade de criação de valor para o banco, sendo apenas dois de muitos *value drivers*. Também não compreendemos como é que o parecer concluiu que seria suficiente o Estado disponibilizar apenas 425 milhões de euros, em vez dos 600 milhões euros que nós solicitávamos que o Estado injectasse. O que nós pretendíamos era uma solução que nos desse tempo a acomodar as perdas e a substituir posteriormente o Estado por um parceiro de negócio privado – um banco estrangeiro. Mas fundamentalmente, relevamos que o parecer concorda que o nosso plano permitia alcançar o rácio de solvabilidade legal exigido de 8%.

Assim, partindo do parecer negativo do Banco de Portugal (em nossa opinião mal fundamentado, mas que adiante se analisará mais em detalhe), o Governo não aceitou a proposta invocando que as razões da sua decisão se centravam (1) nos problemas de **liquidez** e na «sangria» dos depósitos; (2) na necessidade de fortalecer os capitais próprios e os níveis de **solvabilidade;** (3) no **«irrealismo»** do «Plano BPN 23X08», bem como nas condições do instrumento de recapitalização por nós aí proposto.

Procuraremos, de seguida, demonstrar a fragilidade do parecer subscrito pelo Governador do Banco de Portugal, Vítor Constâncio.

## 1. Sobre a liquidez

A propósito dos problemas de liquidez, diz o Banco de Portugal no seu parecer de 30 de Outubro de 2008 ao senhor Ministro das Finanças: «[...] a evolução negativa dos depósitos traduziu-se numa pressão enorme sobre a tesouraria do BPN de tal forma que [...] a instituição se encontra muito perto de uma situação de rotura de pagamentos».

Eram óbvias as insuficiências de liquidez. Quem as sentia, eram as direcções centrais e a administração do banco. E quem as transmitia ao Banco de Portugal, assim como as respectivas causas e forma de a regularizar, era também a administração do banco, mas sem realmente serem atendidas.

## 1.1 A evolução da liquidez antes e depois da nacionalização

Conforme se referiu, a evolução dos depósitos de clientes não se degradou e teve um comportamento favorável durante o período em que estivemos em funções (Jun.08, 4 688 milhões de euros; Set.08, 4 970; Out.08, 4 627, valor bem superior ao verificado em Dez.07, 4 082).

O facto de termos de liquidar, antecipadamente, um empréstimo sindicado de 110 milhões de euros em consequência do downgrading do rating ocorrido ainda antes da nossa chegada ao banco, suportar resgates de fundos de investimento (mobiliários e imobiliários); o facto de assistirmos à redução dos depósitos de instituições de crédito estrangeiras em cerca de 108 milhões de euros; o facto de vermos os organismos públicos reduzir os seus depósitos em cerca de 500 milhões de euros; esses factos é que mais contribuíram para a necessidade de se ter de recorrer a um apoio especial de liquidez pelo Banco de Portugal e a um empréstimo da CGD que, em conjunto, ascenderam a cerca de 525 milhões de euros. O total destes apoios (como dissemos anteriormente, devidamente contra-garantidos com activos do BPN seleccionados pelo Banco de Portugal e pela CGD) pouco mais era, porém, do que 7% dos recursos do BPN, pelo seu balanço à data.

Entretanto, já com o banco nacionalizado, a «sangria» da liquidez pelos depositantes e financiadores agravou-se ainda mais. O total dos depósitos de clientes em Dezembro 2008 desceu para 4 469 milhões de euros. O BPN teve que suportar nova liquidação antecipada de um empréstimo sindicado (mais 130 milhões de euros). E acabou por recorrer a apoios adicionais da CGD que no seu conjunto atingiram, em Dez. 2008, o valor de 1 573 milhões de euros (5 vezes o valor anterior à recente nacionalização).

E relativamente ao período de dois anos após a nacionalização, de Setembro de 2008 a Setembro de 2010, constata-se uma redução de 2 157 milhões de euros de recursos de clientes e um aumento de 4 399 milhões de euros de instituições financeiras (onde se incluem cerca de 4 mil milhões de euros de papel comercial avalizado pelo Estado e tomado pela CGD), além de cerca de 600 milhões de euros cedidos pela CGD no mercado monetário interbancário. Isto é, o BPN nacionalizado estava em Setembro de 2010 a ser apoiado, em liquidez, em cerca de 10 vezes o que estava no período anterior à nacionalização.

Pode-se concluir, assim, que para se ultrapassar o problema de liquidez do BPN, a nacionalização não foi eficaz. Não fora a intervenção forçada da CGD, e o BPN nacionalizado teria soçobrado pela falta de liquidez.

## Quadro 6 – BPN, SA
Contas individuais: Recursos de clientes.
Bancos centrais, OIC e títulos

*Unidade: milhões de euros*

|  | 30.Set.08 | 30.Set.09 | 30.Set.10 |
|---|---|---|---|
| 1. Recursos Clientes e Outros Empréstimos | 4 969,8 | 3.519,1 | 2.812,0 |
| 2. Outros Recursos | | | |
| . Recursos de Bancos Centrais | 0,0 | 0,0 | 70,0 |
| . Recursos de Outras Instituições de Crédito | 957,5 | 2.156,2 | 1.283,8 |
| . Responsabilidades representadas por títulos | 22,4 | 2.018,6 | 4.025,4 |
| Subt (2) | 979,9 | 4.174,8 | 5.379,2 |
| Total (1+2) | 5.949,7 | 7.693,9 | 8.191,2 |

Fonte: *site* do BPN

## 1.2. Os apoios de liquidez antes da nacionalização

Diz, também, o Banco de Portugal no citado parecer: «Não se afigura possível continuar a encontrar solução para a ausência de liquidez adequada da instituição sem a resolução dos problemas de fundo que requer a reposição dos níveis de capital adequados ao exercício da actividade do Banco BPN».

Efectivamente o BPN encontrava-se, desde meados de Setembro de 2008, sujeito a um agravamento das suas condições de liquidez tendo sido desenvolvidas várias iniciativas em meados de Outubro de negociação de empréstimos (junto da CGD) e de assistência de liquidez de emergência (junto do Banco de Portugal) no sentido de permitir ultrapassar as dificuldades com que se deparava.

Em Setembro e Outubro de 2008, o BPN precisava de apoios de liquidez urgentes, estabilizadores e convincentes. Como, aliás, a administração do BPN insistentemente pediu ao Banco de Portugal, através do instrumento financeiro de «assistência de emergência de liquidez».

Todavia, pelo modo como foram concedidos, reticentes e intermitentes, os apoios não estabilizaram, não tranquilizaram, nem convenceram.

O Banco de Portugal não contribuiu, a nosso ver, como podia e devia, para acalmar a angústia de tesouraria. Disto, a estrutura do BPN inevitavelmente se apercebia e contagiava clientes.

O apoio de liquidez da parte da CGD, sob bênção do Ministério das Finanças, foi um processo lento e desgastante, porque contrariava o interesse dos que representavam a CGD nestas negociações.

E o apoio directo de liquidez do Banco de Portugal, embora pedido cedo, foi aprovado e iniciado tardiamente e foi executado a conta-gotas. O Banco de Portugal esperava pelos nossos aflitivos reportes da tesouraria do BPN no final de cada dia e só então acrescentava mais uma mini-dose de apoio.

A CGD e o Banco de Portugal exigiram e seleccionaram activos do BPN, a ser dados como contra--garantia, em mais de o dobro dos apoios de liquidez.

O Banco de Portugal, a nosso ver, não assistiu depressa e bem ao problema de liquidez do BPN, este na circunstância, aliás, sob a responsabilidade de uma administração que estava, finalmente, a pôr a casa em ordem e tinha acabado com práticas evasivas e irregulares que vinham do passado.

Por exemplo, a chamada assistência de emergência de liquidez, pasme-se pelo nome, demorou cerca de 3 semanas a formalizar-se por o Banco de Portugal hesitar no respectivo mecanismo. É nosso entendimento que as situações descobertas ou mensuradas pela nossa administração – incluindo actos ilícitos, negócios ruinosos, o próprio caso do Banco Insular – deveriam ter justificado o ensaio, com tempo, de uma solução de apoios financeiros excepcionais privados e públicos, que não a nacionalização, tal como era nossa proposta no «Plano BPN 23X08» e poderia ter tido uma opção de tomada de controlo total por parte do Estado em caso de incumprimento dos objectivos, com uma espécie de contrato programa.

### 1.3. Os apoios de liquidez depois da nacionalização e o efeito perverso

A nacionalização pode, ainda, ter provocado o efeito perverso de amplificar a desconfiança no BPN. A não ser assim, como se explica que a nacionalização não tenha estancado a sangria de liquidez do BPN?

Sangria continuada que, diga-se de passagem, foi provocando erros de análise, quando os analistas e jornalistas esqueciam a essencial distinção entre, por um lado, os «buracos» ou perdas patrimoniais do

BPN e, por outro lado, a mera substituição de uns por outros titulares do passivo do BPN (saindo depositantes, entrando a CGD...). No balanço do banco, uma coisa vai parar aos capitais próprios, a outra coisa está no passivo, respectivamente. A confusão foi sistematicamente divulgada pela imprensa, durante meses a fio, prejudicando ainda mais a imagem do BPN, sem que tivesse havido oportunas, eficazes e reiteradas intervenções de esclarecimento por quem de direito até há pouco tempo.

Com efeito, em finais de Outubro de 2008, vésperas da decisão de nacionalização, os apoios do Banco de Portugal e da CGD ultrapassavam ligeiramente os 0,5 mil milhões de euros. Isto foi considerado de tal modo grave pelo Banco de Portugal, que acabou por ser preponderante para a decisão de nacionalizar o BPN.

Porém, paradoxalmente, a nacionalização não lhe deu solução como era pretendido pelo poder político. À data de 31 de Dezembro de 2008, já com o BPN nacionalizado, a liquidez continuava a agravar-se. Os apoios prestados ao BPN atingiam cerca de 1,6 mil milhões de euros, 3 vezes o nível de Outubro. Pior, em 30 de Junho de 2009, ultrapassavam os 2,6 mil milhões de euros, 5 vezes o nível de Outubro. Pior ainda, em 30 de Setembro de 2010 os apoios prestados pela CGD aproximavam-se dos 5 mil milhões de euros, cerca de 10 vezes o apoio prestado à nossa administração em Outubro de 2008.

Dirão alguns: com o BPN não nacionalizado teria sido ainda mais grave. Pensamos que não. Contrapomos nós que o «Plano BPN 23X08» tinha condições para gerar efeitos positivos, incluindo a cobrança pela SLN da 2.ª e 3.ª tranches da «operação cabaz», e não efeitos perversos como os arrastados por uma nacionalização que a muitos pareceu e parece sem rumo, de tal modo que, após mais de dois anos, continua o banco afundado em capitais próprios negativos e pretendeu-se fazer uma reprivatização sem que se tivesse feito a reestruturação de activos e sem se ter reposto o nível de capital nos mínimos exigidos por lei. Quem imagina que seja possível privatizar um banco nestas condições? E os riscos para o BPN continuam acrescidos. Todos sabemos da falta de liquidez do Estado português e das dificuldades em se financiar internacionalmente. Face a essa situação de liquidez, será que o Tesouro tem condições para realizar o aumento de capital do BPN necessário para cobrir não só as imparidades mas também o mínimo capital exigido pelos critérios regulamentares?

Havia no nosso «plano» carga reconstrutiva e regenerativa, havia apoio expectante dos accionistas, havia dinâmica contra derrotismos, havia rumo, coesão e determinação, havia igualmente consciência das dificuldades, havia estudos e análises, e, além disso, havia a envolvência muito participada do «PRV – plano de reestruturação e valorização», em plena execução. Acima de tudo, havia o pessoal do banco profundamente motivado, conforme se comprovava pelos resultados de um estudo de opinião elaborado pelos especialistas da multinacional Mercer, no âmbito do «PRV». Conforme o seu relatório de 24 de Outubro de 2008, dedicado ao «Clima Organizacional do Grupo BPN», a participação no questionário foi de 2025 colaboradores, representando 90% do total do grupo BPN. Destes, na dimensão «Credibilidade», 94% afirmavam «confiar na nova administração»; na dimensão «Imparcialidade», 87% afirmavam «todos os colaboradores eram tratados com respeito e dignidade, independentemente do sexo e idade» e na dimensão «Espírito de equipa», 79% afirmavam «trabalhar num ambiente agradável e amistoso».

Ora, como se sabe, é no estado de espírito do pessoal que assenta, em grande parte, a confiança dos clientes de um banco comercial. Tudo isto foi, num ápice, irremediavelmente estremecido pelo acto da nacionalização sem uma apropriada noção das consequências.

## 2. Sobre a solvabilidade

Eram óbvias as insuficiências de capitais próprios e capitais permanentes após termos feito o apuramento das imparidades. Quem as mais sentia era a administração do banco. E quem tomou a iniciativa, como lhe competia, de procurar soluções foi a administração do banco.

Ao nível de **solvabilidade**, a situação do BPN no final de Junho de 2008 evidenciava fragilidades pela própria contabilidade, digamos, oficial: prejuízo semestral de 33,6 milhões de euros, insuficiência de fundos próprios que conduziam o rácio de solvabilidade a 6,9%, excesso de riscos perante alguns clientes e perante a empresa-mãe SLN e filiais. Estas contas não incorporavam ainda as imparidades associadas às auditorias da Mazars e da Deloitte, por nós mandadas fazer.

A soma dessas imparidades foi por nós estimada em meados de Outubro de 2008, com base nas auditorias, em cerca de 700 milhões de euros no BPN. Como se sabe, nem todas as imparidades são perdas efectivas e definitivas, muito longe disso. Tomando, porém, por cuidadosa prudência, o seu total impacto, os capitais próprios do BPN ficariam à data negativos, no limite, em cerca de 300 milhões de euros.

Volvidos quase dois anos após a nacionalização, à data de Setembro 2010, e como consequência de novas e severas imparidades entretanto determinadas, mas também de prejuízos da actividade de exploração do banco de 2008, 2009 e nove meses de 2010, o valor dos capitais próprios é bem mais negativo do que em Setembro de 2008. De facto: -1 567,8 milhões de euros em Setembro de 2009 e -2 126,9 milhões de euros em Setembro de 2010.

A afirmação, quer do Banco de Portugal quer do Ministério das Finanças, de que os nossos planos de reestruturação, incluindo os programas de alienação de activos apresentados pelo BPN antes da nacionalização, não lograram os efeitos desejados carece flagrantemente de verdade e honestidade, ou de comprovação, já que a nacionalização do BPN impediu que os mesmos, em grande parte, beneficiassem de tempo minimamente útil (4 meses de funções da nossa administração, de Julho a Outubro, atravessando a época estival) e pudessem ser concretizados ou sequer plenamente iniciados. É sabido, por quem tem experiência em processos de fusões e aquisições no mercado, que raramente se realizam vendas de participações em menos de seis meses, considerando a necessidade de avaliações, *due-dilligence* e negociações, agravando-se no nosso caso, porque estava em curso um largo programa de auditoria a todo o grupo, incluindo as empresas em processo de venda. Há aqui uma impressionante fraqueza de argumentação que só más motivações da política, ou má consciência, puderam acolher. A nacionalização do BPN veio impedir a continuidade de venda da actividade seguradora na medida em que a Real Vida foi nacionalizada e a Real Seguros manteve-se na SLN. Como ambas estavam no mesmo pacote de venda, o processo dificultou-se. Depois da nacionalização a SLN teve de reflectir novamente sobre o seu *core business*. Por exemplo, enquanto antes da nacionalização a área da saúde estava definida como *não core*, depois da nacionalização passou a ser considerada pela nossa administração da SLN, e pela seguinte, como *core* e parámos o processo de venda. Apesar disso, no último trimestre de 2008 e primeiro semestre de 2009 várias vendas foram realizadas pela SLN, nomeadamente, negócios dos vinhos, castanhas, seguradora e mediação de seguros e outros foram estancados com a saída da SLN da administração Cadilhe em finais de Janeiro de 2009.

As medidas por nós propostas para se ultrapassar o problema estrutural da solvabilidade identificavam a necessidade de um reforço de capitais próprios. O «Plano BPN 23X08» era, à data, mais do que bastante, atingindo 980 milhões de euros de aumento de capital do banco: 380 milhões dos accionistas privados e 600 milhões do Estado.

Os capitais permanentes aumentariam em 1480 milhões de euros (980 M de capitais próprios e 500 milhões de empréstimo bancário sob o regime especial criado por lei).

Estes valores vieram, posteriormente, com a nacionalização, segundo a nova administração, a revelar-se insuficientes já que o nível de imparidades a que chegaram foi substancialmente superior ao apresentado antes da nacionalização.

Convirá referir que os auditores que chegaram aos segundos valores, ditos definitivos, para as imparidades foram exactamente os mesmos que determinaram os nossos valores: a Deloitte. Não se compreende uma tão grande diferença. A explicação poderá residir, primeiro, em maior severidade de critérios, segundo, em extensão a outros activos anteriormente não abrangidos (imobiliário), terceiro, o efeito endógeno da nacionalização, ou seja, o inevitável aumento do risco de crédito do próprio cliente «grupo SLN pós-expropriação» por causa das perdas dos seus activos nacionalizados. Compreendemos que a nacionalização possa dar mais perdas, por exemplo sobre créditos da SLN por esta já não seguir uma estratégia de focalização como era a nossa que libertaria fundos para o banco que assim deixou de poder libertar; e que possam surgir perdas de contratos complexos com múltiplos contratantes que incluíam o BPN, a SLN e terceiros, que poderiam ter sido negociados se SLN e BPN fossem do mesmo grupo, mas que por interesses distintos do BPN e da SLN pós-nacionalização acabaram em conflito judicial e aguardam agora decisão dos tribunais.

De referir, como supradito, que não é certo que as novas imparidades venham a revelar-se perdas finais. O próprio Governador do Banco de Portugal admitiu na sua última audição na Comissão Parlamentar de Inquérito que estes valores pecariam por excesso.

Eventualmente a actual administração do BPN nacionalizado poderá ter sobrecarregado o exercício de 2008 com tais ditos excessos. Todos sabemos, em princípio, *quanto maiores as imparidades deliberadas agora, maiores os lucros apurados no futuro*. O Relatório e Contas de 2008 apresenta no exercício, um resultado líquido consolidado negativo de 572 milhões de euros e capitais próprios negativos de 1624 milhões de euros, valores substancialmente mais gravosos do que os estimados no nosso «Plano BPN 23X08». Este nível de capitais próprios foram considerados, pelo Banco de Portugal, impeditivos para que o BPN pudesse continuar a operar no mercado financeiro quando era um banco privado, mas já não se tornou impeditivo depois da nacionalização? É um paradoxo e, em nossa opinião, um desvirtuamento da concorrência bancária.

Com os agravamentos verificados ao nível da liquidez e sem que, até à data do fecho deste livro (e já se passaram 29 meses sobre a nacionalização), se tenha cumprido «a resolução dos problemas de fundo que requer a reposição dos níveis de capital adequados ao exercício da actividade do Banco BPN», alguém perguntava na Comissão Parlamentar de Inquérito como é que legalmente se consente que o BPN continue a operar no mercado financeiro nacional. Tanto quanto se saiba, em matéria de exigências de fundos próprios, a lei não discrimina entre o Estado e os privados como accionistas de um banco.

## 3. Sobre a viabilidade do «Plano BPN 23X08»

Era óbvia a necessidade de alterar as condições de exploração e actividade do banco. Quem a mais sentia, era a administração do banco. E quem tomou a iniciativa, como lhe competia, de procurar soluções, foi a administração do banco.

Foi por isso que, por iniciativa da «administração Cadilhe», foi desenvolvido e apresentado o «Plano BPN 23X08», plano que não veio, porém, a merecer a aprovação do Ministério das Finanças, após parecer negativo do Banco de Portugal.

Da análise do anexo F do «Plano» (já apresentado) é facilmente constatável a melhoria dos rácios prudenciais exigíveis, as rentabilidades positivas na exploração do banco e a capacidade de pagamento dos dividendos prioritários ao Estado.

O senhor Ministro das Finanças e o Governo estiveram «contra» o «Plano BPN 23X08», induzidos supostamente pelo parecer subscrito por Vítor Constâncio, Governador do Banco de Portugal, parecer que assentava em razões que, em nossa opinião, ou não têm fundamento ou são, no mínimo, muito discutíveis.

## 3.1. Razões do Banco de Portugal que são desmentidas pelos factos

Por exemplo, o Banco de Portugal é factualmente desmentido quando afirma que «[...] o Conselho de Administração não deu sequência à oferta da CGD com vista a iniciar negociações para a compra do Banco BPN [...]».Ora, a uma proposta verbal, apresentada pelo presidente da CGD, posteriormente formulada por carta, respondeu o presidente do BPN informando que não concordava com a nacionalização do BPN, às claras ou às escondidas, no fundo era a isso que a Caixa se prestava. E que o momento não era o mais oportuno porque tínhamos em curso a ultimação de um plano de reestruturação para o BPN, concebido ele próprio contra uma hipotética nacionalização. De qualquer modo, a venda do BPN exigiria uma aprovação em Assembleia-Geral da SLN SGPS por 75% ou mais de votos, um obstáculo processualmente demorado e, sobretudo, intransponível salvo um preço minimamente aceitável pelos accionistas a pagar pela CGD. De qualquer modo, foi respondido à CGD por escrito, dizendo isto e aquilo, tal e qual. E, na mesma carta, foi feita uma pré-contra-proposta, em nome de um núcleo de principais accionistas da SLN, consistindo em a CGD adquirir, não o banco, mas todo o grupo SLN ao valor de 1,16 euros por acção, recentíssimo preço da «operação cabaz» – a que o presidente da Caixa deu um não verbal. Que fique, pois, devidamente registado o facto de haver sido contraposta, por escrito, a hipótese de se nacionalizar, indirectamente, por via da Caixa, todo o grupo SLN. Hipótese que posteriormente mereceu e vem merecendo observações de vários quadrantes.

Por exemplo, ainda, quando o Banco de Portugal afirma que «não foram explicitados os pressupostos subjacentes à projecção das contas [...]», o Banco de Portugal omitiu que, por iniciativa do presidente do BPN de então, foi acordado com o Governador, e assim aconteceu em Outubro, que um dos administradores de então (um deles é co-autor do presente escrito) se deslocasse ao Banco de Portugal com o fim de discutir o plano e os seus pressupostos, os quais estavam implícitos nas projecções e eram facilmente perceptíveis para um entendedor de boa vontade – tal como já foi anteriormente relatado. E, afinal, os tais especialistas que viriam a estar na reunião eram apenas os técnicos que habitualmente iam ao BPN fazer as auditorias financeiras. Eram assim reconvertidos em analistas de planos negócios que envolviam estratégias bancárias, opções por segmentações de negócios, organização e reestruturações financeiras.

### 3.2. Razões do Banco de Portugal como se o plano fosse débil nos pressupostos

Por exemplo, quando o Banco de Portugal afirma que «O Plano BNN 23X08 era irrealista [...]. O crédito a clientes teria de crescer uns 13% ou 14% ao ano [...]», esquece, displicentemente, que a matemática do crescimento mostra que é fácil crescer mais depressa quando se parte de uma base relativamente nova (banco comercial desde 1998), pequena (menos de 2% de quota de mercado) e apetrechada (mais de

## Quadro 7 – BPN, SA
### Contas individuais: Taxas de crescimento históricas

*Valores absolutos: em milhões de euros*

|  | 31.Dez.04 | 31.Dez.05 | 31.Dez.06 | 31.Dez.07 | 30.Set. 08 | Taxa média crescimento |
|---|---|---|---|---|---|---|
| **Crédito Líquido a clientes** | 3 075 | 3 370 | 3 780 | 4 461 | 4 933 | |
| *Taxa de crescimento anual* | | +9,6% | +12,2% | +18,0% | +14,4% | +12,5% |
| **Recursos de clientes** | 3 091 | 3 498 | 3 477 | 4 082 | 4 788 | |
| *Taxa de crescimento anual* | | +13,2% | -0,6% | +17,4% | +23,7% | +11,6% |
| **Activo total** | 4 443 | 4 927 | 6 139 | 6 685 | 7 661 | |
| *Taxa de crescimento anual* | | +10,9% | +24,6% | +8,9% | +19,9% | +14,6% |

**Fonte:** relatórios e contas e site do BPN

200 balcões). E esquece que, em 2007 o crédito BPN cresceu 18%, muito acima do crescimento nominal total da banca em Portugal. E em 2008 cresceu 12% (mas a comparação é perturbada, porque em 2008 foi, pela administração do banco nacionalizado, feita a «reexpressão» das contas relativas a 2007).

Note-se que, em termos históricos e nominais, o activo tinha crescido a uma taxa média anual de 14,6%, e o Crédito a Clientes tinha uma taxa média anual de crescimento de 12,5%, superior à nossa previsão de 9,9%.

Adicionalmente, o nosso plano previa um crescimento médio anual de 10% dos recursos de clientes, quando o banco tinha um histórico com média de 11,6%.

Os anos de 2009 e 2010 foram anos de maior dificuldade do que inicialmente se poderia pensar na altura, pois a crise foi-se agravando com extensão aos défices do Estado e à divida soberana de diversos países especialmente incluindo o Estado Português. Por isso, analisar dados efectivos da economia e do sector bancário não é agora muito relevante. De qualquer modo, apesar da crise, os activos médios dos bancos em Portugal cresceram entre Outubro de 2008 e Outubro de 2010 cerca de 9,1% ao ano, quando a nossa previsão era crescer 9,9%, afinal bem próximo da nossa estimativa, apesar da crise. Os depósitos cresceram 5,2% ao ano, quando nós prevíamos crescer cerca de 10%.

Apesar de tudo, não seria de estranhar que um pequeno banco, como era o BPN, renovado e motivado, pudesse crescer bastante acima da média do sector e conseguisse ganhar quota de mercado.

## Quadro 8
### Evolução do sector bancário em Portugal

*Valores absolutos: milhões de euros*

| | Mês: Outubro | | | Taxas de crescimento | | |
|---|---|---|---|---|---|---|
| | 2008 | 2009 | 2010 | Out-09 | Out-10 | Média anual 2008-2010 |
| Activo | 466 099 | 504 325 | 554 671 | +8,2% | +10,0% | +9,1% |
| Créditos e equiparados | 354 618 | 354 462 | 368 222 | +0,0% | +3,9% | +1,9% |
| Depósitos e equiparados | 360 293 | 363 225 | 398 822 | +0,8% | +9,8% | +5,2% |

**Fonte:** Banco de Portugal

### 3.3 Razões do Banco de Portugal que são pouco razoáveis ou incongruentes

Por exemplo, quando o Banco de Portugal diz «a remuneração das acções preferenciais [...] parece inaceitável por se situar muito abaixo [...]», o Banco de Portugal omite que, adicionalmente ao «dividendo prioritário» (taxa da dívida pública do ano anterior mais 1%), se admitia também «um dividendo variável» (naturalmente em função do desempenho do BPN, *a posteriori*) e «um prémio de resgate», que constam do «Plano BPN 23X2008».

Quanto à alegada exiguidade do dividendo, a questão é mais política do que económica ou financeira. Para o «dividendo prioritário» das acções preferenciais sem voto, o Código das Sociedades impõe um mínimo de 5%. Quando o Governador do Banco de Portugal Vítor Constâncio referiu, na Comissão Parlamentar, que o «Plano» propunha 3%, cometeu um erro, a nosso ver, grosseiro e irremediável. Por outro lado, há aqui uma essencial incongruência, porque se o País e a Europa estavam em crise geral e se um banco precisava de recapitalização extraordinária, nunca essa recapitalização deveria suscitar uma remuneração muito superior à rentabilidade normal de um banco e muito superior à da dívida pública. Mal iria o Estado se pretendesse cobrar pela sua intervenção muito acima do que paga pela sua dívida pública: isso configuraria *usura* em situação de necessidade publicamente reconhecida. E mal iria a UE se levantasse objecções do tipo «ajudas de Estado» quando estava associada uma remuneração adequada ao capital investido pelo

Estado. E muito mal iriam os políticos se não descortinassem as coisas e se não voassem mais alto do que eurocratas e banqueiros centrais.

Numa situação de crise financeira e em risco de falência, não seria melhor uma taxa de juro com um *spread* positivo de 1% do que uma *ganância* de ganho de 8,5% ou 11%, como o Governador do Banco de Portugal pretendia? Estas taxas eram perfeitamente insustentáveis de rentabilizar, pois o negócio bancário não apresentava níveis de rentabilidade que pudesse pagar esse nível de taxas de rendimento, como aliás mostram os dados médios da banca em Portugal no período 2008 a 2010 (ver Figura 1). Essa exigência seria, afinal, estar a forçar o banco ao incumprimento dos pagamentos ao Tesouro.

**Figura 1** – Rendibilidade dos capitais próprios da Banca em Portugal

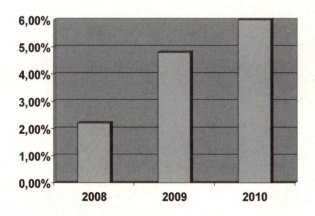

Contudo, a Lei 63/A-2008 caiu nessa incongruência, como decorre da alínea b) do artigo 23.º (o Ministro das Finanças fixa por portaria o limite mínimo do «dividendo prioritário» acima da taxa de 5% estabelecida no CSC, Código das Sociedades Comerciais, e em linha com referências europeias), do n.º 4 do artigo 4.º (o Ministro das Finanças fixa por portaria as condições gerais do «dividendo prioritário»), da alínea c) do n.º 1 do artigo 14.º (o Ministro das Finanças enquadra por despacho, caso a caso, a política de dividendos). E como decorre da subsequente Portaria 493-A/2009, de 8 de Maio, a qual especifica, no seu artigo 7.º, uma exorbitante remuneração das operações de recapitalização. São diplomas posteriores à lei da nacionalização do BPN. Politicamente, salvaguarda as posições já assumidas pelo Ministro das Finanças contra o «Plano BPN 23X08», muito conveniente, pois, mas de resto, repete-se; isto configura *usura* em situação de necessidade.

De referir que estudos empíricos sobre o «custo do capital próprio» da banca na Europa, que representa o nível de rentabilidade requerida pelos accionistas para investirem nesse negócio, revelavam taxas inferiores aos 8,5% a 11% (que o Banco de Portugal pretendia que nós oferecêssemos) em países como França, RU, EUA, Canadá, como se pode ver no quadro seguinte:

O «custo do capital próprio» nos bancos europeus vinha, desde o início da época, a baixar (Figura 1). Exigir rendibilidades em 2008 na ordem dos 8,5% a 11% para o capital alheio era inconsistente com a realidade do mercado, como mostram as Figuras 1 e 2, o que seria, a médio prazo, uma medida para sufocar mais o banco, se recorresse a tais linhas de financiamento, pois uma entidade, uma empresa ou banco não pode financiar-se com taxas de juro superiores às que consegue rentabilizar o seu capital.

**Quadro 9**
Custo do capital próprio dos bancos (Método CAPM*)

| Canadá | França | Alemanha | Japão | Reino Unido | EUA |
|--------|--------|----------|-------|-------------|-----|
| 5,4% | 7,3% | 9,0% | 11,2% | 6,6% | 7,2% |

Fonte: Michael R. King. *The cost of equity for global banks: A CAPM perspective from 1990 to 2009*, BIS Quartely Review, September 2009, pp. 59-73.
* **CAPM** – *capital asset pricing model*

**Figura 2** – Evolução do custo do capital na Europa

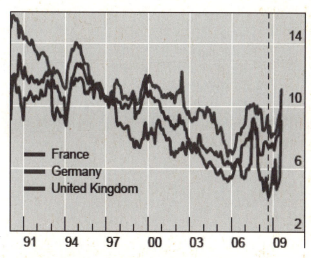

Fonte: Michael R. King, citado, p. 59-73

### 3.4. Razões do Banco de Portugal como se o Plano fosse «fechado» a negociações

Por exemplo, quando o Banco de Portugal afirma que «Não parece aceitável que o Estado entre no capital da instituição [...] ficando sem quaisquer poderes de intervir na gestão da instituição», omite que poderia ter feito essa exigência, naturalmente aceitável, e que a proposta do «plano» poderia ser (e teria sido) revista a fim de o Estado estar devidamente representado nos órgãos sociais do BPN. Ora, o Banco de Portugal não quis acrescentar essa condição, bem mais razoável do que a bomba atómica de uma nacionalização. E até acontece que, poucos dias depois, o regime de recapitalização dos bancos pelo Estado (Lei 63-A/2008, já citada) veio estabelecer, no n.º 4 do seu artigo 16º, a faculdade de o Estado designar membros da administração ou da fiscalização dos bancos assistidos.

Por exemplo, ainda, quando o Banco de Portugal afirma que «as acções preferenciais não davam ao Estado direito de voto», ignora o regime legal deste tipo de acções (veja-se, antes de mais, as Secções V e VI significativamente intituladas «Acções preferenciais sem voto» e «Acções preferenciais remíveis», do Capítulo III do Título IV do Código das Sociedades Comerciais). Curioso é verificar que a <u>citada «lei da recapitalização dos bancos» veio incluir a emissão de acções preferenciais sem voto na panóplia de instrumentos</u> (art.º 4.º da Lei 63-A/2008). De qualquer modo, se o decisor político alguma vez admitisse a possibilidade de manter o BPN na esfera privada, teria no «Plano BPN 23X08» uma boa base de trabalho para introduzir os reajustamentos necessários, como expressamente se admitia em vários dos pontos do documento.

A verdade é que o «Plano BPN 23X2008» não foi objecto de qualquer intenção de ajustamento da parte do Ministro das Finanças Teixeira dos Santos, tendo sido liminarmente rejeitado. E todavia, o «Plano» estava imbuído do espírito de abertura suficiente para encontrar a solução de interesse mútuo público-privado, como se depreende de várias passagens. Por exemplo, quando afirmamos «O que propomos assenta no pressuposto de o instrumento público de recapitalização [referíamo-nos à lei supracitada, ainda inexistente] ser configurado como acções preferenciais sem voto, não remíveis, com direito a "dividendo prioritário". Mas a proposta mantém-se válida se outra for a forma do referido instrumento, desde que tenha efeitos equivalentes em sede de regime de supervisão prudencial». Mais claro teria sido difícil.

### 3.5. Razões que o tempo poderia comprovar

Por exemplo, quando mais tarde e já após a nacionalização, nos considerandos do projecto de despacho sobre (eventual) indemnização pela nacionalização do BPN, é dito «todavia os planos de reestruturação apresentados [...] não lograram os efeitos desejados [...]», esquece que o crucial factor tempo foi amputado, primeiro pela crise financeira geral, depois pela opção política do Governo da nacionalização, acolitado pelo Banco de Portugal. E, deste modo, não foi possível prosseguir o Plano «PRV», nem o Programa de Alienações Patrimoniais, nem «Plano BPN 23X2008».

Por exemplo, quando é igualmente afirmado «não tendo, assim, sido apresentado, nem identificado nenhuma outra solução que ultrapassasse [...]», mostra-se categórico numa matéria em que, na verdade, houve alternativa de solução («Plano BPN 23X2008») e não ficou provado que ela fracassasse. Simplesmente, foi liminarmente rejeitada pelo Governo. Dada a importância do tema e considerando a falha de supervisão verificada pelo Banco de Portugal, este estava em conflito de interesses para dar parecer sobre o nosso plano e entendemos, como supramencionado, que se justificaria solicitar uma análise minimamente aprofundada do nosso plano numa perspectiva de estratégia, organização e resultados económicos e financeiros, de preferência por uma entidade independente, nomeadamente um banco de investimentos internacional.

### 3.6. Razões que o futuro veio a demonstrar não terem sido resolvidas

Por exemplo, quando o Banco de Portugal dizia «[...] os riscos do BPN perante o grupo SLN continuariam a exceder, até 2010, o limite prudencial [...]», parecia desejar que o BPN privado desse, de uma só vez, um salto e resolvesse instantaneamente os problemas de concentração de crédito. Sintomaticamente, o Banco de Portugal como que abandonava as suas habituais posturas de *gradualismo*. Mas note-se que seria mais fácil realizar a dispersão do crédito com o nosso «Plano BPN 23X08», pois através da venda de empresas não estratégicas a terceiros, o crédito então sob responsabilidade da SLN seria automaticamente disperso por entidades terceiras, e certamente com melhor *rating* do que a SLN. Com a venda daquelas empresas e de imóveis a SLN poderia gerar liquidez para liquidar empréstimos junto do BPN e assim este reduziria a sua exposição sobre este devedor. Com a nacionalização, a SLN viu-se forçada a reformular a sua estratégia e acabou por decidir não realizar vendas de activos e procurar valorizar com gestão própria as suas subsidiárias.

Como hoje se prova, também não foi a nacionalização que veio resolver este problema, pelo menos até à data e já estamos em Março de 2011.

### 3.7. Razões do Banco de Portugal como se a regulamentação não fosse cumprida

Por exemplo, quando o Banco de Portugal diz «a parte das acções preferenciais [...] excederia largamente o limite de 35% dos fundos próprios de base [...]», o Banco de Portugal, de novo, evidencia a falta de vontade de contribuir para melhorar o «Plano BPN 23X08», porque o próprio Banco de Portugal diz logo de seguida «O montante solicitado de (600 milhões) parece ser exagerado [...] cerca de 425 milhões seriam suficientes. Em 2009 o contributo do Estado poderia ser menor [...]».

Pois muito bem. Um espírito aberto e construtivo sobre o «Plano BPN 23X08» teria permitido reajustar de 600 para 425 milhões, ou para algo intermédio. E, é claro, o tal limite de 35% poderia vir, assim, cumprido ou quase cumprido. Mas também não havia problema em ser excedido, pois tratava-se de uma segurança de liquidez. Podia era ser melhor explorado por via de outro instrumento financeiro, mas o Banco de Portugal poderia ter sugerido essa optimização. Além disso, o Banco de Portugal tem poderes para conceder *gradualismos* à aplicação das suas instruções – mais ainda quando se trata de uma sua «recente carta circular» e de um mero «projecto de Directiva em preparação». Foi uma manifestação de má vontade, ou de vontade preconcebidamente virada para a nacionalização.

# Conclusão:
# o embuste da nacionalização

**A)** A supervisão do Banco de Portugal tinha sido por nós posta em causa, reiteradamente, em diversas reuniões, quer no Banco de Portugal quer no Ministério das Finanças, por entendermos ter havido graves e prolongadas falhas da supervisão. Numa dessas reuniões, Miguel Cadilhe disse expressamente ao senhor Ministro das Finanças que «o Conselho de Administração do BPN entendia, por unanimidade, que o Banco de Portugal tinha "responsabilidades coadjuvantes" relativamente à situação a que o BPN tinha chegado». Naturalmente, o Banco de Portugal nunca aceitou essa nossa posição, mas também nós nunca deixámos de a manifestar e procurar justificar. E até à nacionalização nunca revelámos esta nossa posição para o exterior. Posteriormente, quando o fizemos, foi por duas ordens de razões:

- Primeira, em defesa da verdade e do património dos accionistas;
- Segunda, em uso do direito à indignação, perante o modo como a nacionalização foi apresentada e como foi descartada a nossa alternativa.

A nossa proposta, desde que apresentámos uma versão preliminar, não foi bem acolhida pelo Banco de Portugal, não mereceu a sua aceitação. A inclusão, nos nossos pressupostos de viabilização do plano, de um apoio do Estado de 600 milhões de euros (acções preferenciais), ainda que remunerado com um *spread* de 1% acima da taxa das obrigações do Tesouro, era rejeitado por alegadamente acarretar um «esforço» para os contribuintes portugueses, o que não era verdade. Não só havia remuneração superior ao custo que o Estado suportaria ao obter financiamento, como ainda por cima havia a comparticipação de privados na solução financeira. Para nós a situação no BPN era, também, fruto de uma *falha de Estado*, consubstanciada na falha da supervisão, mas com isto e por isto não vínhamos pedir subsídios nem indemnizações. E os 600 milhões de euros poderiam naquela altura ser facilmente refinanciados por obrigações do Tesouro e sobre a respectiva taxa pagaríamos mais um ponto percentual. O BPN é que não estava em condições de ir ao mercado. O que pedíamos era que o Tesouro fosse nosso intermediário no mercado financeiro e era apenas esse, digamos, o «preço» a pagar pelo Estado que pedíamos por uma *falha* tão grave. Desde o início do processo

## CONCLUSÃO: O EMBUSTE DA NACIONALIZAÇÃO

de apresentação do Plano, que tínhamos pressentido que o Banco de Portugal não viria a dar bom acolhimento à nossa proposta, não porque ela não servisse como solução, mas porque arrastava inconvenientes de outra ordem. Era evidente que, se o Banco de Portugal desse parecer favorável ao nosso Plano, poderia ser entendido que, de algum modo, assumia perante o Governo e o sistema, implicitamente, a sua co-responsabilidade na situação a que o BPN tinha chegado. E, como supradito, nunca Vítor Constâncio tal tinha reconhecido perante a «Administração Cadilhe». Mesmo assim, na parte final do processo chegámos a acreditar que, ponderadas as alternativas, o Banco de Portugal iria apoiar o nosso Plano junto do Governo. Mas afinal foi o próprio Banco de Portugal que endossou a decisão da solução – nacionalização (mas podia ter sido outra, por exemplo, a insolvência) – para o Governo. O efeito prático foi o pior: os contribuintes vão suportar um fardo bem pesado. Os pedidos que fazíamos de 600 milhões de euros, é bom que se diga, só seria peso para os contribuintes se a execução do «Plano BPN 23X08» viesse a correr mal, mas ainda assim, também os privados suportariam as perdas dos aumentos de capital já subscritos pelos accionistas da SLN e pelo parceiro se este viesse a entrar, directamente, no capital do BPN. O capital obtido junto do Estado seria reembolsável, com «prémio» por opção do banco, e tinha uma remuneração de 1% acima do custo da dívida pública. Além desse juro pré fixado, indexado à taxa de juro da dívida pública, o Estado poderia receber um juro variável em função dos lucros anuais do banco. Com a nacionalização, os accionistas privados ficaram «dispensados» de comparticipar com 380 milhões de euros na proposta de viabilização e a SLN ficou «dispensada» de fazer alienações de activos com que pretendia trazer liquidez ao banco e, além disso, dispersar o risco de crédito do BPN que está e continua a estar excessivamente concentrado na SLN.

A nosso ver, houve precipitação na nacionalização do BPN, que se seguiu, também a nosso ver, a uma longa falha de intervenção do Banco de Portugal, durante anos consecutivos, embora o senhor Governador do Banco de Portugal, quando em sede de Comissão Parlamentar, questionado pelo senhor Deputado do BE, João Semedo, se o deficiente acompanhamento pela supervisão do Banco de Portugal ao BPN se devia a «incompetência, negligência ou ingenuidade», tenha respondido que admitia ter havido «ingenuidade».

Um supervisor *ingénuo* é conceito estapafúrdio que de todo desconhecíamos. Facto é que Oliveira e Costa foi por muito tempo quadro superior do Banco de Portugal e exerceu funções nas áreas da supervisão, ora não sabemos se o senhor Governador do Banco de Portugal foi aí mergulhar suas peculiares raízes e razões para admitir, em depoimento parlamentar, a alegada e *ingénua ingenuidade*. O que em nossa opinião faltou fazer foi uma auditoria independente aos serviços do Banco de Portugal, a fim de perceber por que razões não foram detectadas as fraudes no BPN/SLN. Sem isso, a dúvida instilada sobre a idoneidade desses serviços do Banco de Portugal dificilmente se desfaz. Ora, isto não está bem, nem é justo. Está em causa, também, o direito ao bom-nome das instituições e das pessoas que as servem.

B) A proposta de lei da nacionalização do BPN que o Governo apresentou à Assembleia da República, em Novembro de 2008, era a nosso ver acompanhada por uma paupérrima e errónea «exposição de motivos», por certo decorrência das razões alegadas pelo Banco de Portugal que anteriormente desmontámos, no ponto 3 do capítulo "as razões da recusa do plano BPN 23X08".

É nossa convicção que o acto de nacionalizar o BPN não surtiu os efeitos que o Banco de Portugal e o Ministro das Finanças esperavam porquanto:
– Agravaram-se os problemas de liquidez e a «sangria» dos depósitos;
– Não foi conseguida a solvabilidade legal;
– Não foi feita a dispersão do crédito que excessivamente se concentrava no grupo SLN.

São desconhecidas propostas de viabilização, salvo umas promessas pós-nacionalização e, recentemente, um arremedo de que o Ministro das Finanças deu eco em Janeiro de 2011;

O plano de reprivatização proposto pelo Governo encontrou um vazio de propostas da parte de interessados.

Entretanto, ocorre pública e notória destruição de valor do banco.

Citando novamente Miguel Cadilhe na entrevista atrás referida ao jornal *Expresso*:

> «O Governo preferiu nacionalizar em vez de apostar na solução mista de capitais públicos e capitais privados, que propusemos no nosso plano. A nossa solução, por não ser uma ruptura estrutural, nem um choque violento, teria permitido tranquilizar as estruturas do banco e estabilizar os depositantes. Teria permitido que o Estado assegurasse todos os efeitos positivos de uma sua comedida intervenção, sem todavia provocar os efeitos perversos da nacionalização.»

E de seguida:

> «A nacionalização assustou tudo e todos. O ponto é esse. O susto foi de tal ordem que pôs toda a gente, funcionários e clientes, tremendamente desconfiados. A sangria dos depósitos agravou-se imenso, como as contas agora revelam. A liquidez do banco não se recompôs, pelo contrário, descompôs-se muito mais. E até hoje, o que se constata é que o banco perdeu muitos depósitos e precisou de pedir emprestado à banca uma monstruosidade. Diria que o doente foi submetido ao tratamento de choque, contudo, surpresa das surpresas, o choque não estancou a sangria, engrossou-a. Ora esse é o espantoso paradoxo que o Governo e o Banco de Portugal não conseguem explicar-nos. Esse é o paradoxo da nacionalização [...].»

## CONCLUSÃO: O EMBUSTE DA NACIONALIZAÇÃO

E ainda:

«[...] A nacionalização foi um vozeirão que provocou um enorme alarido, berrado aos quatro ventos e transformado em nefasto temporal... Reitero que do ponto de vista económico e financeiro, a meu ver, a nossa proposta era melhor. [...]»

C) O risco sistémico, em nossa opinião, não se colocava. O BPN não tinha dimensão para constituir esse risco: a quota de mercado do BPN era, no máximo, 2%, e os reforços de capitais pelos privados, bancos e Estado, bem como o restabelecimento da estabilidade na gestão do banco, evitariam esse risco. Apenas era necessário que o apoio intercalar (*bridge finance*), devidamente contra-garantido, do Banco de Portugal e da CGD se mantivesse até que o aumento de capital próprio se concretizasse. Poucos meses se pediam. E acresce o facto de existir uma equipa de administração privada, designada há escassos quatro meses, que segundo era dito «merecia a confiança das autoridades» (mas na prática parece que não merecia) e se dispunha a enfrentar os desafios e a assumir as inerentes responsabilidades.

Esta é hoje a avaliação de muitos dos profissionais que trabalham no sector financeiro. O risco sistémico foi um «papão». O BPN está a ser apoiado em mais de 5 mil milhões de euros pela CGD, e o sistema financeiro português continua incólume.

O Governador do Banco de Portugal, na conferência de imprensa que anunciou a nacionalização chegou a afirmar: «Procurou-se recuperar a instituição e se não estivéssemos a atravessar um período difícil talvez se conseguisse». Referia-se à nossa administração.

Pois bem, se a liquidez do BPN em Setembro e Outubro de 2008 tivesse sido socorrida e abastecida de modo mais pronto, abundante e convincente, em montantes como, afinal, vieram depois a ocorrer, já com o banco nacionalizado, é nossa convicção que os efeitos da crise mundial de liquidez poderiam ter sido travados no BPN, as consequências de passados actos danosos poderiam estar a ser progressivamente absorvidas, a nacionalização e os seus efeitos perversos poderiam ter sido evitados, e, assim, a solução do «Plano BPN 23X0»», com um misto de capitais privados e públicos, poderia e deveria ter sido posta à prova. E precavendo um cenário em que se falhasse, o Governo poderia ter previamente negociado que, por opção sua, as acções preferenciais fossem convertíveis em acções ordinárias num rácio que lhe permitisse o controlo absoluto do banco, aquilo que na terminologia financeira se chama *preferred poison pills*. Mas mesmo que não se lembrasse desta opção financeira contratual, o Governo sempre poderia, se o «Plano BPN23X08» se viesse a revelar ineficaz, nacionalizar o BPN (entretanto fortalecido com 380 milhões de euros dos accionistas privados) e ganharia tempo para bem estudar o eventual universo do grupo SLN a nacionalizar, bem como fortalecer e sustentar a sua decisão com uma obrigatória análise «custos-benefícios» (a qual, aliás, continua por fazer relativamente à decisão de Novembro de 2008).

Recordamos, também, um excerto de uma entrevista de Miguel Cadilhe ao *Diário Económico* aquando do 2.º aniversário da nacionalização, com o qual estamos inteiramente de acordo:

> «Entrada do Estado e reforço dos privados, era essa a nossa proposta. Penso que o BPN estaria hoje em segura tendência de regeneração, com as pessoas muito motivadas [...], que o PRV estaria 100% executado [...], que a operação cabaz teria sido completada [...], que o BPN estaria a absorver as imparidades, com gradualismo, [...] que a nacionalização, inexistente, não teria desvalorizado tão gravemente o património da SLN, a qual por sua vez é grande cliente de crédito do banco, [...] que o BPN não estaria a sobrecarregar os contribuintes, como está pesadamente... O nosso plano para o banco abria uma porta e a minha equipa atravessava-se nela. Declararam ao país que o custo seria zero para o contribuinte, um "embuste", como se vê. E desprezaram o capital privado que o nosso plano prometia trazer ao banco. Os autores da nacionalização ignoraram os efeitos perversos do acto. E julgo que o Ministro e o Governador não quiseram conceder ao BPN privado, aliás misto, os apoios de liquidez que pronta e avultadamente vieram depois a conceder ao BPN nacionalizado. [...] A meu ver, dois anos de banco nacionalizado destruíram valor.»

**D)** Na conferência de imprensa de 2 de Novembro de 2008, em que foi anunciada a decisão de nacionalizar o BPN, o senhor Ministro das Finanças ignorou e desconsiderou o trabalho realizado durante os curtos 4 meses em que a administração cessante esteve na condução do BPN. Da parte do senhor Ministro das Finanças não houve uma palavra minimamente expressiva sobre o mérito da nossa administração, prova inequívoca que não merecíamos a sua confiança. Implicitamente, restou uma sensação de demérito. Por contraste, ouviu-se diversas e exaltantes referências do Ministro das Finanças e do Governador do Banco de Portugal à administração efémera, de Abdool Vakil. Na inusitadamente longa conferência, só o Governador do Banco de Portugal uma vez se referiu com apreço à administração Cadilhe. Curioso que num caso se refira o nome de Abdool Vakil e no outro não seja referido Miguel Cadilhe mas a administração de Cadilhe. Clara evidência que num caso havia equipa e no outro caso não?

O mesmo contraste se detecta na mudança das administrações subsequentes à imposta nacionalização. A lei 62-A de 11 de Novembro de 2008, que determinava a nacionalização do BPN, impunha também a dissolução de todos os órgãos sociais do BPN e suas subsidiárias. Logicamente que a «equipa Cadilhe» foi imediatamente afastada das suas funções após a nacionalização, mas incompreensivelmente no Banco Efisa, então presidido por Abdool Vakil, não foram designados novos membros e a presidência do banco foi sua, após a nacionalização. Certamente os administradores do BPN nacionalizado poderão explicar a

## CONCLUSÃO: O EMBUSTE DA NACIONALIZAÇÃO

manutenção da «administração Vakil» no cargo por tanto tempo e o seu afastamento mais recentemente.

E) Relativamente aos custos que decorreriam do acto da nacionalização e que os seus autores (Banco de Portugal e Ministério das Finanças) estimavam, na verdade, subestimavam. Todos nos lembramos de ter ouvido o senhor Governador do Banco de Portugal sucessivamente dizer que a intervenção estatal no BPN «não custaria um tostão ao contribuinte», depois «custaria 425 milhões», mais tarde «custaria mil milhões».

E todos nos lembramos de o ter ouvido criticar um senhor Deputado do CDS, Nuno Melo (que, aliás, se destacou pela especial atenção e pela aprofundada análise dedicadas ao caso BPN), por dizer que o custo do BPN para os contribuintes era de cerca de 2,5 mil milhões de euros.

E, ainda, todos nos lembramos, quando (18 de Junho de 2009) o senhor Governador do Banco de Portugal já admitia que «o buraco» do BPN rondaria os 900 milhões de euros. Nessa altura, já o senhor Deputado do PCP Honório Novo afirmava que o custo para os contribuintes seria bem maior, confrontando o Governador com o seguinte raciocínio: «os capitais próprios negativos rondavam à data da nacionalização os 1,8 mil milhões de euros e a situação patrimonial e financeira do BPN oscilava entre os 1,9 mil milhões e os 2,2 mil milhões negativos (pelas contas da administração pós nacionalização).»

E todos nos recordamos, também, das afirmações do senhor Ministro das Finanças na citada conferência de anúncio da nacionalização do BPN: «Queria clarificar que tomada de decisão da nacionalização do banco BPN SA quem vai pagar, a <u>única</u> [sublinhado nosso] coisa que poderá haver a pagar, são eventuais indemnizações aos accionistas que resultem desta nacionalização. Mas isto é algo que irá ser devidamente avaliado». E, ainda: «<u>Nada será feito que prejudique o interesse patrimonial do Estado e os interesses dos contribuintes</u> [sublinhado nosso].» E mais: «Fui confrontado com uma proposta [da administração Cadilhe] de recuperação desta instituição que colocava o ónus muito pesado sobre os contribuintes portugueses. <u>E recusei essa proposta porque não podia aceitar que fossem os contribuintes portugueses a pagar as perdas, ou a suportar grande parte das perdas</u> [...].» [Sublinhado nosso.] Acrescentando: «Entendo que, em primeira instância, quem tem que suportar essas perdas não são os contribuintes, serão outros, nomeadamente os accionistas da instituição e, eventualmente, os responsáveis pela gestão que estão sob investigação.»

Já em sede de audição na Comissão Parlamentar de Inquérito ao BPN (ano de 2009), afirmava:

«Prometer [...]; prometer que o Estado iria resolver o buraco do BPN sem sobrecarregar os contribuintes;[...]». E mais tarde acrescentar: «O Estado terá de "suportar algum custo" com a operação», escusando-se, contudo, a avançar com valores.

Pois bem, segundo declarações do mesmo senhor Ministro das Finanças no Parlamento, em Janeiro de

2011, quanto ao montante dos custos a suportar pelos contribuintes, surpreendeu-nos quando afirmou: «os capitais próprios do BPN rondam os 2 mil milhões de euros negativos», deixando implícito ser esse o custo a suportar pelos contribuintes.

Logo a seguir, em 2 de Março de 2011, por intermédio do senhor Secretário de Estado do Tesouro, em entrevista ao *Expresso*, vem o Ministério das Finanças, tentativamente, imputar esse custo ao ano de 2008: «os 2 mil milhões de euros de perdas do Estado no BPN poderão ser levados ao défice público de 2008, mas, tudo dependerá do que o EUROSTAT entender [...]». O argumento é surpreendente, porque usa agora um alegado impacto nas contas públicas de 2008 (isto é, nos contribuintes) que em 2008, à data da nacionalização, o Ministro das Finanças Teixeira dos Santos não admitia.

E também nos surpreendeu que após o falhanço da reprivatização, o senhor Ministro das Finanças venha só em Janeiro de 2011 dizer «admito que o BPN vá ser alvo de uma reestruturação profunda, com mudança de nome e nomeação de uma nova gestão autónoma da CGD». Ao fim de 27 meses após a nacionalização!


F) Igualmente nos surpreendeu ter ouvido agora o senhor Presidente da República, Cavaco Silva, na RTP1, em 29 de Dezembro de 2010, num debate da candidatura presidencial, levantar dúvidas quanto ao acto de nacionalização do BPN e à avaliação da gestão presentemente em exercício quando afirmou: «Quanto ao BPN, posso dar uma contribuição: eu aprovei a nacionalização do BPN face a uma lei que a Assembleia da República aprovou. Em relação a essa lei manifestei muitas dúvidas e o Governo e o Banco de Portugal disseram-me que era a única alternativa [sublinhado nosso] para que não acontecesse um descalabro no nosso sistema financeiro e para proteger os depositantes.» E ainda comentar: «[...] o que me surpreende é que em Inglaterra tenham ocorrido perturbações grandes, grandes prejuízos em bancos, tenham sido nomeadas administrações profissionais independentes e tenham conseguido recuperações notáveis. O que me surpreende é que esta administração do BPN não tenha conseguido fazer aquilo que fizeram as administrações em Inglaterra. Era bom ouvir o Dr. Horta Osório, que conhece bem essa matéria.»

E posteriormente, em 9 de Março de 2011, no seu discurso de posse novamente como Presidente da República, Cavaco Silva enfatizou um princípio com o qual concordamos plenamente, quando disse: «É imperioso melhorar a qualidade da política pública. Em particular é fundamental que todas as decisões do Estado sejam devida e atempadamente avaliadas, em termos da sua eficiência económica e social [...] e das suas consequências financeiras presentes e futuras. Não podemos correr o risco de prosseguir políticas públicas baseadas no instinto ou em mero voluntarismo». Bem poderíamos nós dizer que a nacionalização do BPN é, deste princípio, um contra-exemplo paradigmático.

Mas não compreendemos que, se à data da nacionalização tinha todas aquelas dúvidas, e é apologista dos princípios que exaltou na sua tomada de posse, por que razão não ouviu a nossa administração. Incompreensível e, com todo o respeito, aberrante omissão do senhor Presidente da República que, precisamente, todos nós, administradores privados do BPN, registámos na altura com enorme perplexidade, nem imaginávamos que tantas eram as suas dúvidas. Porque, em nosso juízo, com ou sem dúvidas, mas por maioria de razão com «muitas dúvidas», era dever indeclinável do Presidente não se limitar a ouvir só uma das partes relevantes. E porque, por configuração legal e por substância das funções, e também porque defendíamos uma alternativa ao radicalismo da nacionalização, e ainda porque tínhamos inaugurado uma fase inédita de regeneração e licitude na gestão do grupo SLN, pois por tudo isso, o nosso conselho de administração era uma parte essencialmente qualificada e informada que o Presidente tinha o «direito-dever» de ouvir sobre o caso BPN.

G) Não foram, pelo Governo nem pelo Banco de Portugal, bem identificadas e diagnosticadas as condicionantes em que o grupo SLN operava. Não foram avaliados os custos da nacionalização, que se têm revelado agravados e auto-alimentados. A nacionalização foi «um tiro no escuro», que não acertou no alvo, que todavia atingiu em cheio os contribuintes e feriu de morte os accionistas.

A nacionalização degradou os capitais próprios do BPN por efeito quer da discutível nova severidade dos critérios de imparidades, quer por ela ter provocado agravamento de risco do maior cliente do BPN que é o grupo SLN, ao amputá-lo do seu principal património, quer pelas dificuldades de negociação de contratos complexos tripartidos que envolvem SLN, BPN e terceiros, alguns com elevada probabilidade de caírem em processos judiciais de resolução demoradíssima.

A factura para os contribuintes será bem mais pesada do que se o Governo tivesse optado por recapitalizar o BPN através de um envolvimento conjunto com os privados, e não só pelo Estado. Ao prescindir da entrada quase imediata de novos fundos privados (380 milhões de euros), e de fluxos de vendas de activos classificados pela nossa administração como não estratégicos que iriam ser realizadas e que criariam liquidez ao banco e dispersariam o risco excessivamente concentrado na SLN, o Governo sobrecarregou desnecessariamente os contribuintes. Acresce que a nacionalização dispensou a taxa de rendimento que o BPN pagaria ao Estado baseada na taxa das obrigações do Tesouro acrescida de *spread* 1%.

Em nosso entender havia alternativa à nacionalização.

Essa alternativa, o «Plano BPN 23X08», mantinha o BPN no sector privado, defendia os depositantes, não parasitava as finanças públicas, recriava valor para os accionistas privados e para os «accionistas preferenciais» (isto é, o Estado). Não era fácil, mas era possível.

Afinal o que pedíamos não era mais que o recurso aos dois instrumentos financeiros anunciados pelo

Ministro das Finanças. O primeiro, mais conjuntural, era a garantia do Estado a operações de liquidez, nos termos da lei n.º 60-A/2008, de 20 de Outubro e da portaria n.º 1219-A/2008, de 23 de Outubro. O segundo, mais estrutural, era a medida de recapitalização, em termos a definir pelo Governo, que nós admitíamos poderem revestir a forma de acções preferenciais, instrumento financeiro que, aliás passados poucos dias, 24 de Novembro de 2008, o Governo veio a consagrar na própria lei de recapitalização (art.º 4.º da Lei 63-A/2008).

Hoje continuamos convictos de que a nossa alternativa não foi devidamente ponderada por quem de direito. E que, mesmo antes de analisarem a nossa alternativa, já a escolha política de nacionalização estava tomada pelo Governo, certamente porque havia julgamentos, crenças e atributos infundados que os decisores políticos fizeram em relação aos mais de quatrocentos accionistas da SLN, e porque havia diversas outras motivações políticas que não conseguimos descortinar. E, no fundo, talvez também Cadilhe, pela sua personalidade, frontalidade e acerto com a verdade, pudesse não ser considerado o líder mais cómodo para as autoridades com quem teria de lidar numa solução de capitais mistos para o BPN.

Hoje, face às últimas divergências do Governo com a União Europeia – PEC IV e incerteza quanto verdadeiro ao valor do défice de 2010 – até se pode concluir que o acto da nacionalização foi, acima do mais, também um tremendo erro político como bem avisado tinha sido Teixeira dos Santos, Ministro das Finanças, por carta do Presidente do BPN de 24 de Outubro de 2008, que acompanhava o pedido de aprovação do «Plano BPN 23X08»: «Como Vossa Excelência sabe, [...] não concordamos com uma nacionalização, revista ela a forma, directa ou indirecta, que revestir. Seria um erro económico e financeiro, de supervisão também, e, se nos permite, igualmente político».

# Índice

Agradecimentos . . . . . . . . . . . . . . . . . . . 7
Introdução . . . . . . . . . . . . . . . . . . . . . . 9
Enquadramento . . . . . . . . . . . . . . . . . . . 15
Os principais problemas da gestão . . . . . . . . . . 27
   1. A Solvabilidade . . . . . . . . . . . . . . . . . 27
   2. A Liquidez . . . . . . . . . . . . . . . . . . . . 30
As relações com o Banco de Portugal . . . . . . . . 39
A nossa proposta: o «Plano BPN 23X08» . . . . . . 73
   1. A solvabilidade: medidas de recapitalização. . . 74
   2. A liquidez . . . . . . . . . . . . . . . . . . . . 79
   3. Os pressupostos do plano de viabilidade . . . . 81
      1.3.1. O abrangente quadro que o «PRV»
          nos traçava... . . . . . . . . . . . . . . 81
      1.3.2. As incisivas medidas que o
          «Plano BPN 23X08» nos impunha... . . 82

A solução do Governo e do Banco de Portugal:
a nacionalização . . . . . . . . . . . . . . . . . . 87
As razões da recusa do «Plano BPN 23X08» . . . . . 93
   1. Sobre a liquidez . . . . . . . . . . . . . . . . . . 95
      1.1. A evolução da liquidez antes e
      depois da nacionalização. . . . . . . . . . 96
      1.2. Os apoios de liquidez antes da
      nacionalização . . . . . . . . . . . . . . . 98
      1.3. Os apoios de liquidez depois da
      nacionalização e o efeito perverso . . . . . 100
   2. Sobre a solvabilidade . . . . . . . . . . . . . . 103
   3. Sobre a viabilidade do «Plano BPN 23X08» . . 108
      3.1. Razões do Banco de Portugal que são
      desmentidas pelos factos. . . . . . . . . . 109
      3.2. Razões do Banco de Portugal como se o
      Plano fosse débil nos pressupostos. . . . . 110
      3.3. Razões do Banco de Portugal que são
      pouco razoáveis ou incongruentes . . . . . 114
      3.4. Razões do Banco de Portugal como se o
      Plano fosse 'fechado' a negociações . . . . 118
      3.5. Razões que o tempo poderia comprovar. . 119
      3.6. Razões que o futuro veio a demonstrar
      não terem sido resolvidas . . . . . . . . . 120
      3.7. Razões do Banco de Portugal como se a
      regulamentação não fosse cumprida . . . . 121
Conclusão: o embuste da nacionalização . . . . . . . 123